アニメーション映画

宇宙の法 黎明編

The LAWS of the UNIVERSE-PART I

公式ガイドブック

「宇宙の法 ―黎明編―」製作プロジェクト 編

Invitation

アニメーション映画「宇宙の法―黎明編《れいめいへん》―」は、
（2018年10月12日 日米同時公開）
大川隆法《おおかわりゅうほう》・幸福の科学グループ創始者兼総裁が
製作総指揮・企画を務める映画の14作目に当たります。
この公式ガイドブックは、これまで秘されていた
幸福の科学の映画製作プロセスの一端を明かし、
壮大な宇宙叙事詩《じょじし》である本作を
さらに楽しんでいただくことを目的としています。
映画「宇宙の法―黎明編―」で明かされる
まだ、誰も見たことのない「真実の創世記」への旅を
どうぞお楽しみください！

Contents

第1部

映画「宇宙の法―黎明編―」ができるまで

幸福の科学の映画において、
作品世界の元となる、
大川隆法《おおかわりゅうほう》総裁が説く法話《ほうわ》や、
天上界《てんじょうかい》のインスピレーションあふれる
ストーリー原案などを紹介します。

製作総指揮者が語った

映画への思いと宇宙時代の幕開け

幸福の科学は、なぜ映画作品をつくり続けるのか。現代の地球人類が直面している宇宙との関係、そして、２０１８年10月に日米同時公開される映画最新作について、製作総指揮を務める大川《おおかわ》隆法《りゅうほう》総裁が講演会で語った内容を、一部抜粋して紹介します。

御生誕祭大講演会「宇宙時代の幕開け」より
（２０１８年７月４日　さいたまスーパーアリーナ）

「宇宙人」や「ＵＦＯ」関連の内容を多くの人々に分かっていただきたい

この講演をするに当たって、一般書店で売られている、宇宙人やＵＦＯに関する私の本を読み返してみたのですが、けっこうな量が出ていて驚きました。

もし、これらの本の内容を信じることができるのであれば、「幸福の科学は、アメリカのＮＡＳＡ《ナサ》（米航空宇宙局）やハリウッド等が持っていない情報まで持っている」ということになります。その内容がどういうものであるかということについては、本だけでは分かりかねるものもありましょうから、今後も、映画製作などの試みによって、より多くの人々に分かっていただけるよう、努力していきたいと考えています。

幸福の科学の出現で「ＵＦＯ最先進国」となった日本

日本では、「世界一」というものは、それほど多くはないのですが、意外に、「ＵＦＯ後進国」と言われていた日本も、今、幸福の科学が現れて、いつの間にか、「ＵＦＯ最先進国」になっています。

もちろん、まだ当会の教えの内容を、すべて海外用に翻訳しているわけではないのですが、すべての情報を見れば、おそらくは、世界の研究者たちが驚くような内容が入っていると思います。当会の教えには、「この情報は取れるはずがない」と思われるものが、そうとう入っているのです。

今のハリウッドやＮＡＳＡでつかんでいる情報としては、例えば、ＮＡＳＡでは、アポロ計画で月に何度も行って、「月の裏側、〝ザ・ダークサイド・オブ・ザ・ムーン〟に人工物、建造物がある」ということは、すでに発見していますし、その映像のなかには、宇宙にＵＦＯらしきものが飛んでいるところまで、わざと入れてあるものもあります。

ハリウッドやNASAを超える詳細情報を公開

大川隆法総裁の遠隔透視能力によってリーディングが行われ、詳細な宇宙情報が明かされた。

『ダークサイド・ムーンの遠隔透視』（左）
『ネバダ州米軍基地　「エリア51」の遠隔透視』（右）
大川隆法著／各定価 10,800 円（税込）／幸福の科学出版刊

そういう意味では、「かすかに知れ」ということかと思いますが、そのあたりは分かっているわけです。

また、これは「アメリカの政府がいつ発表するか」と、いつも、大統領が代わるたびに期待されてきたことなのですが、「『エリア51』というアメリカの秘密空軍基地、宇宙人関連の基地があるらしい」ということも分かっています。

映画公開後に増えた、日本の「UFO情報」

実は、日本も、数多くのUFOが出ている「UFO多発地域」ではありますが、UFO後進国であったために、それが伝えられないでいたのです。

ところが、最近では、その数も徐々に増えてきました。

特に、映画「UFO学園の秘密」（二〇一五年公開）が上映されてからあとは、こうしたことについてテレビ等でも特集されることが多くなってきているように思います。

ただ、実際に多くの人たちがUFOなどを見てはいても、まだ「それを引っ張ってきて、目の前でお見せするようなか

大講演会当日に会場付近で目撃されたUFO

大川総裁の大講演会「宇宙時代の幕開け」開催当日、会場のさいたまスーパーアリーナ近辺で複数のUFOが目撃された。後日、リーディングが行われ、ベガ星やてんびん座、ケンタウルスα星、プレアデス、ペガサス座などから、UFOが飛来していたことが判明した。

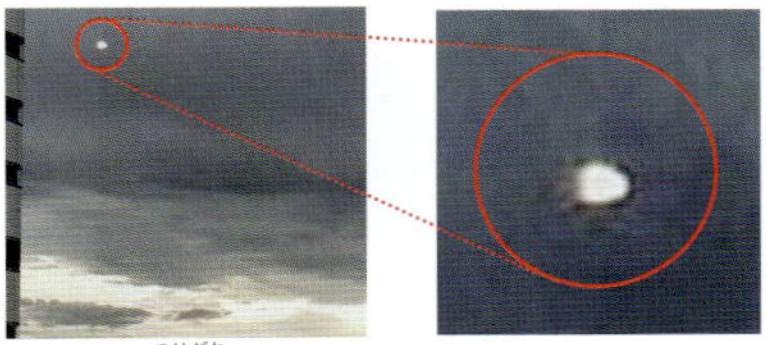
ベガ星の釣鐘《つりがね》型UFO

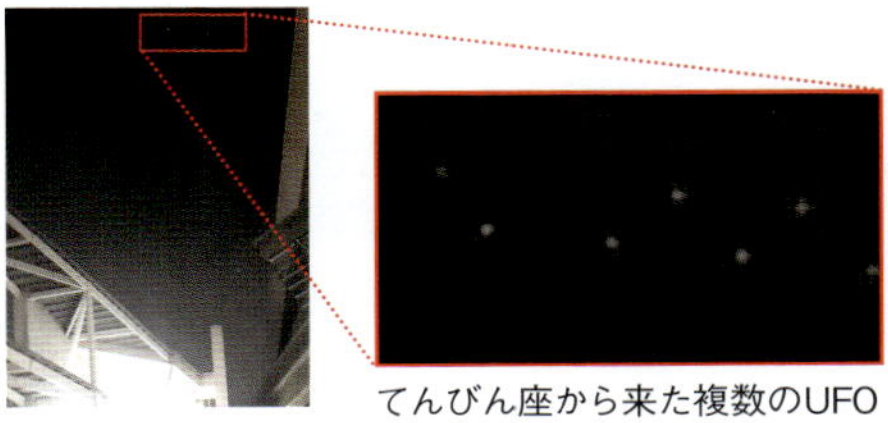
てんびん座から来た複数のUFO

たちにはならない」という状況にあるわけです。

宇宙人との接近は世界各地で起きている

今、アメリカでは、エイリアンによる拉致《らち》、すなわちアブダクションについて、「その間の記憶が失われていて、本人は忘れているけれども、睡眠障害が起きたり、記憶の障害があったり、ときどき体の変調が現れたりするので、調べてみると宇宙人に拉致された経験があるらしいことが分かる」といったケースが数多く出てきています。

また、日本でも「そうした人が出てきた」と、最近、よく言われています。こうしたことは、現在ただいまに起きていることであって、ある程度、理解できるでしょう。

世界各地で起きていることで、例えば、「UFOが撮影されている」「UFOが着陸した跡があった」「アブダクションされて、何らかの実験をされたかもしれない人がいる」といったことは共通して言われています。

さらに続々とUFOが飛来！

7月28日に開催された大川総裁の講演会でも、会場の聖地エル・カンターレ生誕館（徳島県）に多数のUFOが飛来した。写真は27日に撮影された複数のUFO。後日行われたリーディングでは、UFOの母星などが判明したほか、講演前日には約30機、当日は約50機のUFOが、会場上空に飛来していたことなども判明した。

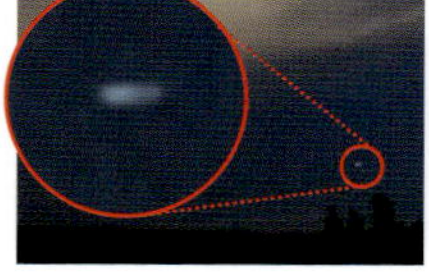
プレアデス機

プレアデスの中型機

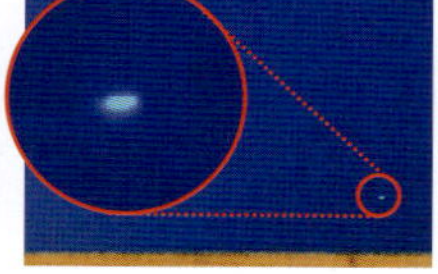
ウンモ星の円盤

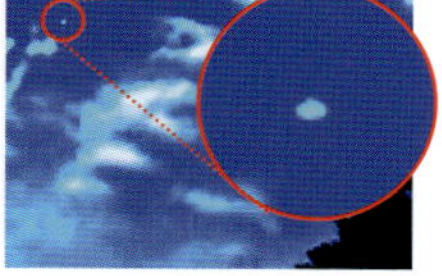
ベガ星からの準母船

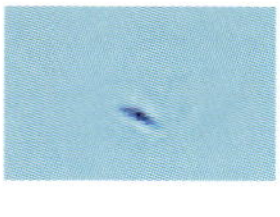
月裏面から来たハンバーガー型

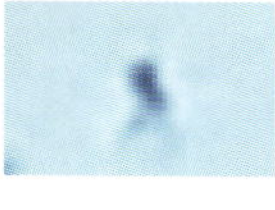
エササニ星の円筒型

オリオン座のピラミッド型

「宇宙人との交流」は、今に始まったことではない

これに関して、幸福の科学が明かしているのは、「今、始まったことではない」ということです。

遠い昔には、「地球での生命の創造」もなされました。そのなかで、地球人として相応《ふさわ》しい生命の創造、すなわち、「地球人の創造」もなされたことが、私の書籍にも書かれていますし、映像にも表れています。要するに、みなさんの先輩として創られた存在があったわけです。

しかしながら、「それがすべてではない」「他の銀河から、あるいは、他の惑星から地球に呼び寄せた人たちが数多くいた」ということも同時に語っています。この年数はかなり大きく、数億年前まで遡《さかのぼ》って書いてあるので、ややスケールが大きすぎるのは事実です。

ただ、結論的には、「地球に恐竜《きょうりゅう》が徘徊《はいかい》していたころ、人類はすでに存在していた」「地球で創られた人類もいたが、宇宙から来た者で、地球で生命が維持できるように条件を改

現代の日本でも多発している!?
怪奇現象・宇宙人体験リーディング

現代人が遭遇した、アブダクションなどの不思議な体験のリーディングを通じ、かつて自身が宇宙人であった記憶や、縁の深い星からのコンタクトがあることなどが明らかになる場合もある。

『宇宙人体験リーディング』（左）『怪奇現象リーディング』（右）
大川隆法著／各定価 1,512 円（税込）／幸福の科学出版刊

善させて住んだ方々もいた」ということを述べています。

映画「宇宙の法―黎明編―」の宇宙情報はハリウッドでもつくれないスケール

こうした内容について詳しく描かれている、二〇一八年秋公開の映画「宇宙の法―黎明編―」は観るに値する映画と言えるでしょう。アメリカのハリウッドのアカデミー賞アニメ部門の賞を取ってもおかしくない作品であると考えています。「宗教が、ちょっと生意気ではないか」と言う人もいるかもしれません。しかし、すでに、映画「神秘の法」と、前作である映画「UFO学園の秘密」の二つは、アメリカのアカデミー賞のアニメ部門の審査対象作品として選ばれているものです。今回の作品は、スケールにおいて、ハリウッドでも絶対につくれない、ましてや、ボリウッドでも、ナリウッドでも、香港映画でもつくれないものです。

日本から、アメリカ発よりも、はるかに詳しい宇宙人情報が出ていることを知っていただきたいのです。スピルバーグ

世界的な映画産業

ハリウッド：撮影所が集中する地域の名称だが、米国映画界をさす。映画市場規模としては世界トップ。
ボリウッド：インドの映画産業の別名。製作本数・観客動員数は世界トップ。
ナリウッド：アフリカのナイジェリアの映画産業。製作本数は世界第2位。
香港映画：カンフー映画が世界的ブームを巻き起こしたことで注目を浴びる。

であっても、これを観たら引っ繰り返るでしょう。彼でも絶対につくれない内容だからです。

「創造主とは何か」という念《おも》いを込めて描いた作品

さらに、私は、この内容のなかに、「創造主とは何か」という念いも込めて描きました。今まで、地球で思われていた「創造主」とは違った創造主が出ています。地球における人類の創造に関係しているのはもちろんのこと、「実は、地球以外の星における代表的な宇宙人たちをも創造していた」ということにまで踏み込んでいるのです。

宇宙人は今、来たわけではありません。地球人の先祖のうちの一部には、はるかなる昔に、地球に呼ばれ、地球に帰化して住んだ人々も入っています。

現代の科学においても、「おそらく、約二百万年前には、人類の先祖は誕生していたのではないか」と言われてはいます。しかし、私は、それよりももっと古い歴史を語っているのです。

これまでの幸福の科学映画で描かれた

目に見えない世界の真実

「宇宙時代の幕開け」で語られたように、幸福の科学の映画では、最先端の宇宙情報や霊的世界の真実、創造主や神々の姿などが描かれてきました。ここでは、宇宙や創造主について描かれた４作品を紹介します。

1994年公開

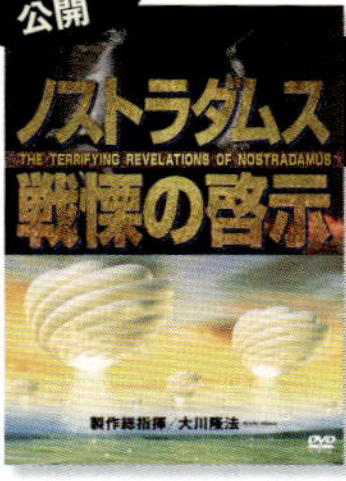

「ノストラダムス戦慄の啓示」（実写）

16世紀の予言者ノストラダムスの霊言《れいげん》をもとにした、異次元体験スペクタクル映画。詳細な霊界の情報や、20世紀末に迫った人類の危機、地球に飛来している宇宙人の姿も描かれた。

地球に飛来したUFO

レプタリアン

地球侵略を狙《ねら》う爬虫類型《はちゅうるいがた》の獰猛《どうもう》な宇宙人（レプタリアン）は、人間の姿をとって現れることもある。本作では、こうした悪質な宇宙人から、地球を守ろうとするプレアデス星人らの活動も描かれている。

2000年公開

「太陽の法―エル・カンターレへの道」（アニメ）

全世界で累計1000万部を超えるベストセラー『太陽の法』の世界観を映像化。宇宙の始まりや、金星の文明、創造主エル・カンターレによる地球人類の創成、地球に飛来した宇宙人たちの姿なども明かされる。

エル・ミオーレ

エル・カンターレ

金星文明

他の星団からの移住者

金星の統治者エル・ミオーレは、さまざまな動植物や、美しい金星人類を創造する。数十億年の間、さまざまな文明を繁栄へと導き、金星人類は最高度に発展した。
金星文明が終焉《しゅうえん》を迎えた後、エル・ミオーレは、エル・カンターレと名前を変え、地球での新たな文明創造に着手する。金星人類の魂に再生のパワーを与えて新たに地球人類を創造。よりダイナミックな「進化」を目指して、マゼラン星雲、オリオン座、ペガサス座をはじめとする、多様な宇宙からの移住者を受け入れた。

2012年公開

「神秘の法」(アニメ)

202X年、東アジアの大国・帝国ゴドムが、日本や周辺諸国を侵略しようとする近未来予言映画。主人公は世界を救うべく、神秘的な力や、地球に友好的な宇宙人たちの力を使い、帝国ゴドムに挑《いど》む。

レプタリアン

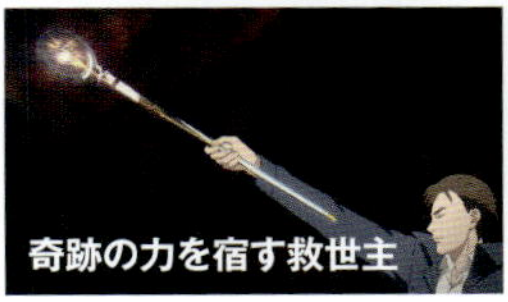
奇跡の力を宿す救世主

地球に友好的な星のUFO

周辺国への侵攻を繰り広げる帝国ゴドムだが、実は悪質レプタリアンが、その活動を宇宙から煽動《せんどう》していた。主人公は救世主として目覚め、覇権主義国家から世界を守ろうと立ち向かう。主人公を助けるために現れた金星人やベガ星人などは、地球系霊団《れいだん》と友好的な関係にあり、地球の行く末を見守っていた。

2015年公開

「UFO学園の秘密」(アニメ)

高校生５人が、学園で起きた宇宙人によるアブダクション事件を機に、宇宙の謎を解こうと動き出す。さまざまな宇宙体験を通じ、地球に隠された驚くべき真実が明かされる。「宇宙の法―黎明編―」の前日譚《ぜんじつたん》。

月の裏側

宇宙のマイナスエネルギー（ダークマター）を吸い込んでつくられている「裏宇宙」。目に見える宇宙と対比した世界として存在している。

裏宇宙

プレアデス３番星

ベガ星

宇宙の謎に迫るレイ、アンナ、タイラ、ハル、エイスケの５人は、地球に友好的な宇宙人の協力で、月の裏側、プレアデス、ベガ星などを訪れる。地球からは見えない月の裏側では、さまざまな宇宙人が基地をつくり、地球人類の調査活動などを行っていた。また、愛と美の星プレアデス３番星はエイスケの魂の故郷であり、ベガ星はアンナの魂の故郷であることも分かった。

映画製作における「創造の秘密」を初掲載！

映画「宇宙の法―黎明編―」

語り下ろし原案

幸福の科学の映画製作の源流には、「大川隆法《おおかわりゅうほう》総裁が念《おも》いを発し、それに呼応《こおう》した高級霊《こうきゅうれい》が、さまざまなアイデアを提案し、そのなかから大川総裁が最終的な方向性を定めていく」という〝神秘の手法〟があります。ここでは、製作の源流に当たる、大川総裁の語り下ろし原案より、一部を抜粋して紹介します。高級霊からのインスピレーションにあふれた物語のアイデアをご覧ください。

原案 1

最初のインスピレーション

映画「宇宙の法」製作にあたり、最初に収録された音声のみの原案。この原案は、「手塚治虫《てづかおさむ》の霊言《れいげん》」と同日に収録され、壮大な宇宙叙事詩《じょじし》の構成アイデアが語られた。

「アニメーション映画『宇宙の法』①」より 2011年6月1日 収録

これは映画製作企画原案の一つです。日本でアニメーションを手がけていた手塚治虫の霊指導《れいしどう》を受けて製作されようとしています。それでは、物語を始めます。

地球の「救世主的存在」を探す惑星連合《わくせいれんごう》の宇宙人たち

実は、ゼータ星に近い「惑星X」において、侵略用ロボット、サイボーグが、大量につくられているという事実をつかみ、「これを地球の責任者に伝えなければならない」という提案がなされます。

そこで、地球人のなかから「選ばれし者」を探そうとして、何人かの候補から、英雄的資質を持つ、救世主的な存在がいないかどうか、宇宙船のなかから、地球人のデータの検索が始まります。すると、ちょうど、そうした自己犠牲《じこぎせい》的な行為を行っている人を見つけることができました。

「この人を地球の代表者に選ぼう」ということになり、宇宙連合の旗艦《きかん》「セイビアー号」とでもいいましょうか、「救世主号」ですね。それに彼らを招いて、惑星連合の代表たちと話し合うことになります。

彼らは、幸福の科学の霊言集《れいげんしゅう》に描かれているような、プレアデスやベガ星の様子を研究していきます。そして、「宇宙は、必ずしも人類の敵ばかりではないのだ」ということや、「人類も、もともとは宇宙から来た者たちに指導されてきたのだ」ということを教えられます。そのなかで、宇宙から地球に来て進化していった、さまざまな人たちのエピソードも学びます。

そして、彼ら自身も、かつては、自分たちが、巨大な神霊《しんれい》

惑星連合：宇宙連合ともいう。悪質な宇宙人から、地球を守ろうとする星々が結んでいる同盟。愛と平和を大切にしており、ベガ星やプレアデス、ケンタウルスα星など、主に８つの星が主導的に地球を防衛している。

の下《もと》に仕えていたということに気づくのです。それは、「アルファ」といわれた存在です。アルファという偉大な存在が、初めて地球に現れた時代に、自分たちもその片腕として働いたことを思い出していきます。

地球文明の危機に立ち上がったアルファ神

三億年以上前の時代の地球が、宇宙人のわがままな考え方によって、文明の危機に瀕《ひん》したとき、それを救おうとしてアルファが立ち上がりました。

このアルファという存在が、実は、地球の中心神の御本体の分《わ》け御魂《みたま》であり、それが地上物質化した姿であることが、明らかにされていきます。

人類の歴史は長く、その創世の秘密にも触れることになります。これは、『太陽の法』にも書かれていることではありますが、地球系霊団《れいだん》の創造のシーン等が現れて、その後、宇宙からも宇宙人類が呼ばれたことや、その際、「地球に対して害をなさず、適応するように」ということを申し付けられ

ベガ星：地球から25光年離れた、こと座のα星。ベガ星人たちは、自分の思いに合わせて姿かたちを変える能力を持っている。

プレアデス星団：地球から400光年離れた、おうし座プレアデス星団。プレアデスの人々は、「愛」「美」「調和」と「発展」を中心的な思想としている。

た様子等が語られていきます。

しかし、地球人類がだんだん侵害を受けるようになり、そこへアルファが現れて、新しく、人々に調和の教えを説いているのが分かります。

アルファの時代から、地球における「宇宙からの防衛」は始まっていた

これが、手塚治虫の霊のアイデアによる「『宇宙の法』①」です。「目覚めへの道」とでも題しましょうか。宇宙についての悟りへの目覚めのようなものを主要テーマに置こうと思います。

キーポイントは、やはり、宇宙から、「宇宙協定を破って地球に入ってきている者がいる」ということと、「地球人を護《まも》ろうとする人たちがいる」ということ。また、「人類のルーツ自体は宇宙にもあった」ということ、「最初のアルファの時代から『宇宙からの防衛』は始まっていた」ということ。

これを説くことが大事です。

宇宙協定：宇宙人は、他の星に行き来することはできても、その星の文明・文化を破壊したり、変化させてはならないという協定。ただし、その星が自ら滅びようとするときは、その限りではない。

原案 2

レプタリアン視点のストーリー案

映画「宇宙の法」のうち、「パート1」に当たる部分にフォーカスした原案。レプタリアン型宇宙人の視点で「宇宙の法―黎明編―」のストーリーが語り下ろされた。

「アニメーション映画『宇宙の法』エピソード1―黎明編―」より
2011年12月26日 収録

今日は「エピソード1の部分を何か物語にできないかな」と考えているところです。

このあとは、「物語」として話をしておきます。

宇宙人ザムザとして、ストーリーを語る

今から三億年以上も前のことになる。マゼラン星雲のなかの、ゼータ星という星のなかでは、当時、巨大な核戦争のようなものが行われていて、（人々が）激しく戦っていた。

そのときの私の名がザムザ。ゼータ星の支配者とまでは言わないけれども、そのなかの国の一つの帝王であったと言ってよいだろう。

われらも、長年の戦いにかなり疲れを感じて、「宇宙に新しい植民都市をつくろうではないか」ということになってきた。そこで、「科学技術の粋《すい》を集め、新しい星を求めて移住しようか」ということになり、私を中心に密《ひそ》かに「脱出プロジェクト」が組まれていった。

私は、どちらかといえば戦闘性《せんとうせい》の強い種族ではあったものの、やや平和を愛する心もあったために、不徹底ではあったのかもしれないが、新天地を探そうとしていた。

使者の呼びかけで地球にやってきた

そんな私たちの星に「宇宙からの使者」もやってきて、次のように述べた。

「ちょうど、地球という星が、新しい文明実験を始めており、地球人類を創って、新しい文明を創ろうとしているのだけれ

ゼータ星

ども、進化速度がまだ十分に上がっていない。また、食料が豊富で気候が温暖なため、人類以外の動物がかなり巨大化しており、『アルファ』という方がお創りになった人類たちが、十分に対応し切れないでいるので、（アルファ様は）もう一段強い種族との合流を望んでおられる」

それは、ゼータ星の何カ所かで、もう、滅亡をかけた激しい戦いが始まっている時期でもあったので、「よく宇宙を見通しておられる方がいるのだなあ」と思った。

その使者は確か自分の名を「エロス」と名乗ったと私は記憶している。「父の命で来た」と語っていたと思う。彼がどのようにして来たのか、それは分からないし、あれが果たして実在の人物であったのか、それとも、想念《そうねん》として地球から投影されて現れたものであったのか、あるいは、霊体《れいたい》としてのみ来たものであったのか、私にはよく分からない。

ただ、その使者は、「地球には、今、もう一段、科学技術も進み、戦闘性もありながら、しかし、何らかの魂的な向上を求めている、あなたがたのような種族を入れる必要があるのだ」と語っていたかなあ。

「アルファといわれる、地球の神霊《しんれい》がお創りになられた初期の魂が、あまりにも優しくて美しく、平和を愛する理想的なものでありすぎたために、外部からの猛獣《もうじゅう》や恐竜《きょうりゅう》に当たるようなものとの戦いで、かなり苦労しており、『自分たちの精神文明を高める』という本来の修行が十分にできないので、できれば、彼らが本来の魂の進化を果たせるよう、われらを外護《げご》してほしい」というようなことであった。

その趣旨《しゅし》を聞いたとき、われらは、「ゼータ星をもう出よう」と考えていたころであったので、「行き先があって、向こうが受け入れてくれるのであるならば、よいのではないか」と思って、かなりの人数を連れていった。

ゼータ星から地球に降り立ったときの様子

ナビゲーションによって、おそらくは今のアフリカに当たる所ではないかと思うが、そこに降りた。

最初につくられた地球人類は、私が聞いたのでは、数百体

獰猛なレプタリアンに襲われる地球人

とのことであったけれども、私たちが地表に降りた当時は、子孫はもう少し増えていたように思う。彼らの特徴《とくちょう》はというと、祭壇《さいだん》をつくる傾向があった。あのピラミッドの原型かもしれないが、もう少し小さい、四角錐《しかくすい》のピラミッドのようなものをつくって、そのなかに中央へ上がっていく石段のようなものをつくり、そのてっぺんの所で祭祀《さいし》をする癖《くせ》を持っていたな。

彼らの祈りの対象はアルファで、「主《しゅ》アルファ」と呼んでいたように思うな。ただ、その主アルファは、私が呼ばれたときには、霊体で存在したのではなくて、ちょうど地上界にも生まれていたのではないかと思うな。

アルファは不思議な存在で、私たちとはちょっと違うんだなあ。もちろん、人間のような姿に見せることが多かったけれども、アルファという人には、思ったとおりの姿に自分を変える力があったようで、相手に分かりやすい形を取ろうとするようではあったね。だから、「半分は肉体で、半分は霊体」のような存在だったのではないだろうか。思った姿をかたちづくるような人であったかのようにも思えるな。

地球神アルファとの対面と慢心《まんしん》

われらが（アルファに）面会したときには、すでに、われらに似た種族の者が地球のあちこちに出没はしていたようだが、それらは、招待されずに来ていた者のようだ。

私は、それらと、ある意味では同族かもしれない。使いにくい言葉を使うと、「レプタリアン」という言葉で呼ばれているのが私であるけれども、私は、アルファから、「レプタリアンたちが地球人類を食べたりしている」ということを聞いた。そして、「何とか、あなたがたも地球人になる努力をしてもらえないか。あなたがたの同種族だと思われる者たちが、人類に対して危害を与えているけれども、人類はこれから大いなる発展を経験するので、どうか、あなたがたの進歩的な側面は活《い》かしながら、人類を護《まも》る役もしてもらえないか」と頼まれたのを覚えているねえ。

しかし、「これ（地球人）を奴隷《どれい》階級にして、自分たちが支配階級になれるのではないかな」という気持ちが現れたことは、正直に告白せねばならない。そういう心が生じてきた。だって、私たちのほうが、どう見ても強いように見えるからねえ。

アルファという人の正体と強さは分からなかった。しかし、一般の人類として、いろいろな色の人類がいたが、彼らの多くは、そう近代的な生活はしていなかった。農耕や狩猟《しゅりょう》で得られるものを中心的な糧としつつ、宗教的な祭祀を行い、多少なりとも芸術的なるものをつくり出そうと努力していた。

また、われわれには、とうてい理解できなかったのだけれども、歌を歌ったり踊ったりするようなもので、お互いに評点をつけ、そういうものを祭りにして喜んでいるようなところがあったなあ。だから、われわれから見ると、非常に不思議な〝小人たちの世界〟のような感じにも見えたかなあ。小人ではないのだけど、腕力的には、われわれのほうがずっと上であったので、「この愉快《ゆかい》な小人たちを支配してしまおうかなあ」という気持ちがムラムラと湧いてきたことは事実で

地球人類と触れ合うザムザ

あるな。

「信仰の力」で戦う地球人類

そういうときかな、その気持ちを読み取られてしまったことは事実だ。わしは、そのとき、やっぱり強さを誇ってはいたので、「人類のなかで、わしより強い者がいるのなら、相手をするぞ」というようなことを言ったことがある。そして、相撲《すもう》でもやるような気持ちであったのかもしれないけれども、格闘技戦のような戦いをしてみたことがあった。

われわれは、「生きた動物のアニマ（霊体）を吸収して霊《れい》力《りょく》を拡張する」という方法を取っておったのだけれども、その戦いのときに、地球人類のなかには、違ったかたちで霊力を使う者も存在することが分かってきた。

どうも、これは「信仰の力」というものであったようであるけれども、この「信仰の力」で彼らは祈りをするのだ。ひざまずいて、アルファに祈ると、特別な霊流《れいりゅう》のようなものが流れてくるらしい。「ちょっと、われわれとは違ったかたち

地球人に戦いを挑むザムザ

で霊的な力が出てくるらしい」ということがあったなあ。

アルファの説法

ときどき、「アルファが祭壇の上から説法をする」ということがあったが、アルファは次のようなことを言っていた。「私は、いろいろな生命の源である。いろいろな生命を創った。動物も植物も創った。また、動物や植物が生きていける源である星、あるいは宇宙を構想した者である。『それぞれの星で文明を創り、発展した』と、あなたがたは思っているかもしれないけれども、もともと、すべては私の心から現れているのだ。私の心の『かくあれ』という念《おも》いが多様に顕現《けんげん》しているのだ」

われらレプタリアン族にとっては、巨大な体や鋼鉄のような強い体、一打ちで大木をもなぎ倒してしまえるような強力な尾を持っていることが、すごい自慢ではあったけれども、アルファは、「それもまた、実は、私の造化の作用というか、創造のなかにあるのだ。この世のありとしあらゆるもの、生きとし生けるものは、すべて、『私が心のなかに描いたもの』が現実化したものである」というようなことを言っていたな。

それは、最初は「不思議なこと」のように聞こえたけれども、だんだんに、「それが本当である」と信じられるようになってきた。

アルファは、「『この世にあるものがすべてだ』とは思わないほうがよい」というようなことを言うと同時に、「私が、これだけ多様な生命を創ったのは、『違う立場に立ち、違う行動様式を持っている者たち、違った存在形態と違った考え方を持っている者同士が、お互いに理解し合えるかどうか』ということを、進歩の一つの試金石《しきんせき》にしたのだ」というようなことを言っていたな。

当時の地球には「宇宙の交通網《こうつうもう》」があった

初期の人類には、まったく科学文明がないかといえば、そうではなかったようで、一部には、そういう部分もあった。

地球人と共に主アルファの説法を聴くレプタリアン

あまり遠くまでではなかったようであるけれども、太陽系を中心に、「宇宙の交通網」はあったらしく、定期的に連絡が取れる宇宙船みたいなものは開発されていたようだ。

だから、月や火星、金星その他とも交流はあったようだ。いろいろな星に住んでいる者もいたので、それらと行ったり来たりすることがあったようであるなあ。

＊　＊　＊

これが、私が地球に到着した時代の話である。

現代も、戦争もあれば、いろいろな天変地異《てんぺんちい》もあり、人類の苦しみの時期を迎えてはいるであろうが、私の三億年以上の記憶から見れば、そうしたことは数限りなく起きてきた。

「いろいろな経験を通して、人は何かを必ず得るものだ」と思っている。

製作総指揮・大川隆法総裁が明かす

地球神アルファとその時代

映画「宇宙の法―黎明編―」では、レイが3億3千万年前にタイムジャンプし、地球神アルファと出会います。アルファについて、幸福の科学では、宇宙の創造主であるエル・カンターレの本体意識が最初に地球に降臨した際の名前だと説かれています。地球神アルファは、どのような思想で地球に文明を築いたのでしょうか。大川隆法《おおかわりゅうほう》総裁の著作から抜粋して紹介します。

地球神アルファとは

「アルファ」とは創造主エル・カンターレの本体が初めて下生《げしょう》したときの名前

「エル・カンターレという魂は六人の分身を持っている」というような言い方をしていますが、実は、エル・カンターレの本体としての下生は、今回が三回目に当たります。

一回目の下生は、今からもう三億年以上前

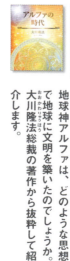

のことになります。そのときは「アルファ」という名で呼ばれていました。

霊言《れいげん》などで、ときどき、「アルファの法」という言葉が出てきていますが、「アルファ」は最初の下生のときの名前です。それは「物事の始まり」「始原」ということです。

そのアルファの説いた法が、「始原の法」といわれているものです。

『信仰の法』第5章「地球神への信仰とは何か」より

「アルファの法」の下《もと》地球人類は一つになった

一回目の（エル・カンターレの）本体下生は、地球人類の新しい文明実験のころ、すなわち、ちょうど他の惑星からも第一弾の集団が飛来し、新しい地球人をつくろうとしているころであったと思います。

そのころは、まだ地球的価値観が十分に確立していなかったため、この世に下生し、「アルファ」という名で法を説いたのです。

最初に来ていたのはマゼラン星雲のゼータ星の人たちです。この星はベータ星ともいわれています。今も、「アルファ」「ベータ」「ガンマ」という言葉はよく使われます。

このゼータ星から、かなり多くの人たちが来て、地球で創られた魂たちと混在して住んでいましたが、当時、最初の人種的対立、あるいは世界戦争の危機、そうした危機的な状況が人類に起きたため、地球の価値観というものを打ち立てようとして、アルファが地上

に下り、それを統一したのです。（中略）
いろいろな星から人が来始めたとき、それぞれが持ってきた元の星のカルチャーを「地球文化」にしようとすると混乱が起きてくるので、「何が、地球における正しい真理であるのか」ということを説き、「地球的真理」というものを方向づける必要があったのです。
それが、「アルファの法」として説かれたものです。地球神としての立場から、「この教えに帰依《きえ》しなさい。この教えに帰依することが、地球人になるための条件である」と述べ、地球生まれの地球人類と、宇宙から来た人たちとを、一つの法の下《もと》にまとめ上げたのです。

『信仰の法』第5章「地球神への信仰とは何か」より

アルファ神は地球人類の「最初の指導者」

現在の科学では認められてはいませんが、みなさんの先祖は、三億年以上の昔、あの恐《きょう》竜《りゅう》が地球を徘徊《はいかい》していたときに、この地上に生まれたのです。

ある者は霊体《れいたい》として存在していましたが、最初に、そのうちの数百人を実体化させて、この世に肉体を持つ存在として送り込みました。

また、違った種類の人々は他の宇宙から来た人々であり、そのなかから、この地球の環境に適合できる人たちを選んで地上に下ろしました。

もう一種類の人たちは、宇宙からこの地上に下りようとしても、そのままでは肉体として地球の環境に不適合であるため、ハイブリッド（合いの子）にし、地球に住みやすいかたちにつくり変えて地上に下ろしました。

人類の創成期には、この三種類の人間を地上に住まわせました。

そして、私はそのころ、「アルファ」という名で地上に生まれました。

これが、人類の最初の指導者の名であり、今、「エル・カンターレ」という名で呼ばれ

ているものの、「主《しゅ》」といわれるようになる起源です。

『信仰の法』第6章「人類の選択」より

アルファ神が下生した地域と時代

アルファが最初に地上に姿を現したのは、今の地球で言うと、おそらくアフリカに近いあたりだと思います。

ただ、当時の地球の表面は今のような姿ではなかったため、必ずしも同じとは言えません。当時はアフリカもヨーロッパもアジアもくっついていたので、「どこであったか」をはっきりとは言えませんが、どちらかといえば、アフリカに近い地帯であったと言ってよいと思います。

当時、アルファには、「ガイア」という名で呼ばれている伴侶《はんりょ》がいました。現在、地球のことをガイアと言うことがありますが、ガイアという名の女神が妻の役で生まれていました。

そして、「アルファの子孫が最初の王族のようなかたちになった」と思われます。しかし、それもこれも三億年以上も昔のことです。

これが、「エル・カンターレの、地球上での最初の記憶」ということになります。

『アルファの法』より

アルファによる霊言

アルファ神が霊言で明かした自《みずか》らの神秘的な姿

心で視《み》れば、姿を視ることもできる。（中略）

それは、攻撃的な性質を持っている相手には、その人が恐れるような姿に見えることはあるだろうな。（中略）

十メートルに見えるときも、百メートルに見えるときもあろうと思うな。相手にとって、まあ、もちろん、宗教心の高い者にとっては、最も尊敬するスタイルに現れるが、相手がまだ帰依《きえ》していないような状態であれば、最も恐れるスタイルをもって現れることもあるなあ。（中略）

だから、見えないんだ。基本的には見えないので。基本的には「光」だから。（中略）

基本的には、ギリシャ風の白いローブを纏《まと》って、体のつくりは、ほとんど純金の素材でできているようなかたちに見える。（中略）「ギリシャ彫刻《ちょうこく》」と「仏像」を合わせた感じかなあ。

彼ら（人間）が見て高貴に見えるような姿を取るので、そういうふうに、王冠《おうかん》や笏《しゃく》を持ったりしているように見えることもあるし。（中略）

多少、「畏怖《いふ》の念」を見せなきゃいけないときには、金の牙《きば》が生《は》えているように見えるときもある。

『アルファの時代』より

アルファ神が語る
生きとし生けるものの「命」の本質

　あなたがたの命のもとは何かと言うと、「始原の神の情熱」なんだよ。

　情熱が命になっているんで、情熱を吹き込まれたのよ、生きているものはね。「情熱」なんです。「情熱」、「生かしたいという、その強い思い」が命になっているんです。

「生かしたい」と思わなければ存在しないけど、でも、やっぱり、この宇宙のなかに、「生きているものが努力しつつ発展・繁栄していくことが、造物主としての喜びである」という気持ちがあるので、いろんな実験をしている。

『アルファの時代』より

「宇宙人リーディング」「霊言《れいげん》」でみる

地球神アルファとの出会い

大川隆法《おおかわりゅうほう》総裁はこれまでに数多くの「宇宙人リーディング」を行い、地球に来ている宇宙人は500種類を超えることが判明しました。なかには、地球でアルファ神と出会ったという宇宙人もいます。アルファ神とは、どのような存在だったのでしょうか。大川総裁による「霊言」「リーディング」から、アルファ神について語られた箇所を抜粋して紹介します。

霊言：あの世の霊を招き、その思いや言葉を語り下ろす神秘現象。高度な悟りを開いている人にのみ可能なものであり、トランス状態になって意識を失い、霊が一方的にしゃべる「霊媒《れいばい》現象」とは異なる。

宇宙人リーディング：地球人として生きている人の「魂の記憶」から、宇宙人だったときの部分を呼び出し、現在進行形の対話ができるかたちで再現すること。

ゼータ星の象型宇宙人のリーディング

戦争のプロである宇宙人がアルファ神に「感服」した理由

――アルファ様について聞いたことはありますか。

なんか、地球で聞いた記憶じゃないなあ。もっと昔、宇宙戦争をしてるときに、それらしい

名前を聞いたことがある。（中略）その方が宇宙戦争の仲裁《ちゅうさい》をしていったんだよ。（中略）

アルファ様は、われわれが感服した人でな。われわれの気持ちを理解してくださるんだよ。（中略）私たちの誇りを尊重してくださるんだよ。「わが力の誇り」だな。（中略）「犬猿《けんえん》の仲だった敵とわれわれとに、共通する価値観を示せる者がいた」っていうことに、私はびっくりしたんだ。（中略）（共通の価値観とは）つまり、「宇宙の起源」ということかな。「われわれの存在をも愛してくださる」というところだな。

『始原の神アルファとの出会い』より

アルタイル星人のリーディング

戦闘的《せんとうてき》な宇宙人を回心させたアルファ神の教え

アルファ様は、わしを手で握《にぎ》り潰《つぶ》せるぐらい、でかくなるんだよ。（中略）

あのとき、わしはな、自分の力を過信しとったことが分かったんだよ。「こんな強い人がいたのか」と知ってな。（中略）

そのあと、俺はなあ、「神」ってものを知ったんだよ。だから、地球人類を守るほうの言うことをきくことにした。（中略）

（アルファ神から教えられたことは）『地球人類は弱い』って言ってるが、おまえさんは分かってない。弱いなかに強さはあるんだ。

いくら、この地上で命を滅したところで、宇宙には法則というものがあって、愛の力に抗《あらが》えるものはないんだよ。おまえさんは、その愛を学びなさい。力のみが支配するなかにも正義はあるけれども、愛がなくなった力は不毛なものだ。

いつまでも力を求めていても、いずれ心が苦しくなる。力は必要だ。力は、発展のためにも、味方を守るためにも必要だ。だから、おまえは、力と同時に、精神的な愛を磨きなさい。そうするなかで、おまえは、もう一段成長し、

本当に最強の戦士となれるだろう」と。（中略）
俺は、アルファ様を守ることにしたんだよ。
同時に、「本当の意味での宇宙最強の戦士になりたい」と。

『始原の神アルファとの出会い』より

ベガ星人のリーディング

進化したベガ星人も「アルファの法」を学びに来ている

「われわれ（ベガ星人）は千変万化《せんぺんばんか》する」と言いました。それは、ある種の創造ではあるんですが、その創造が、変化、変身の原理、トランスフォーメーションの原理にとどまっているんですよ。（編集注：ベガ星人には、自《みずか》らの姿を自由自在に変化させる能力がある）

ところが、エル・カンターレの創造はそうではなくて、「ゼロから創り出していく力」を持っていらっしゃるんです。ゼロから、宇宙の「法」を創ったり、宇宙のいろいろな惑星や物質、世界を創り出してきているんですよね。（中略）

ゼロから、無から有を生み出す、無から有を生み出すところの根本的な始原の法、「アルファの法」とも呼ばれていますけれども、アルファの法を、まだ学べていないんですね。これが、われわれの、今、学び残しているところなんです。

そうした始原の法、根源の法のところをエル・カンターレに学ぶために、われわれは来ています。

『宇宙人との対話』より

アルファ神の妻・ガイアの霊言

伴侶《はんりょ》であったガイアから見た「アルファ神」とは

地球にある植物も動物も、
その命の源は太陽の光です。（中略）
そして、同時に、

霊界においても、
霊界の存在を生かしている力が、
やはり働いております。
その、霊界の大きな太陽の力が、実は、
地球に、
ありとしあらゆるものを
存在させ、成長させ、
発展・繁栄させようとする力であり、
それがアルファ様の本質です。
つまり、
「霊界の太陽」に相当するものが、
実は、アルファ様の本質なのです。
さまざまな民族の神話には、
さまざまな神が登場しますが、
各国や各民族の神話を超えた
「始原の神」というものを確定するならば、
それがアルファ様に当たると
申し上げたいわけです。
太陽神信仰は、日本にもありますし、
エジプトなどにもあります。
本当は、さまざまな国にあるものです。

その太陽信仰の奥にあるものは、実は、
「すべてのものを生かしめている力」への
尊崇《そんすう》の念です。
「創造・造化の力」に対する
信仰の念です。
始まりの「一《いち》」、始原の思い、
最初の出発点です。（中略）
つまり、
アルファ様を通して、
地球の始まりが見え、
地球の発展が見え、
また、地球の前にあるものが
見えるわけです。

『太陽に恋をして』より

製作総指揮 紹介

幸福の科学グループ創始者 兼 総裁 **大《おお》川《かわ》隆《りゅう》法《ほう》**

幸福の科学グループ創始者 兼 総裁。
1956（昭和31）年7月7日、徳島県に生まれる。東京大学法学部卒業後、大手総合商社に入社し、ニューヨーク本社に勤務するかたわら、ニューヨーク市立大学大学院で国際金融論を学ぶ。81年、大悟し、人類救済の大いなる使命を持つ「エル・カンターレ」であることを自覚する。86年、「幸福の科学」を設立。信者は世界100カ国以上に広がっており、全国・全世界に精舎・支部精舎等を700カ所以上、布教所を約1万カ所展開している。説法回数は2700回を超え（うち英語説法100回以上）、また著作は30言語に翻訳され、発刊点数は全世界で2400書を超える。『太陽の法』（幸福の科学出版刊）をはじめとする著作の多くはベストセラー、ミリオンセラーとなっている。また、映画「心に寄り添う。」（ドキュメンタリー・2018年5月公開）、「さらば青春、されど青春。」（実写・同年5月公開）、「宇宙の法ー黎明編ー」（アニメ・同年10月公開）、「僕の彼女は魔法使い」（実写・2019年公開）など、15作の劇場用映画を製作総指揮・企画している。ハッピー・サイエンス・ユニバーシティと学校法人 幸福の科学学園（中学校・高等学校）の創立者、幸福実現党創立者兼総裁、HS政経塾創立者兼名誉塾長、幸福の科学出版（株）創立者、ニュースター・プロダクション（株）会長、ARI Production（株）会長でもある。

これまでの映画作品

アニメ映画「宇宙の法—黎明編—」までに公開された13作品。多様な作品世界は、国内外で注目を集めている。

1994

「**ノストラダムス戦慄の啓示**」（実写）
◇1995年 朝日新聞社主催・朝日ベストテン映画祭 読者賞グランプリ

1997

「**ヘルメス—愛は風の如く**」（アニメ）
◇1997年 毎日映画コンクール 日本映画ファン賞 第2位

2000

「**太陽の法 エル・カンターレへの道**」（アニメ）
◇2001年 朝日新聞社主催・朝日ベストテン映画祭 読者賞 第1位
◇第25回報知映画賞 読者投票ベスト10 作品部門（邦画）第1位

2003

「**黄金の法 エル・カンターレの歴史観**」（アニメ）
◇ぴあ映画満足度ランキング 第1位

2006

「**永遠の法 エル・カンターレの世界観**」（アニメ）
◇ぴあ映画満足度ランキング 第2位

2009

「**仏陀再誕**」（アニメ）
◇全国映画週末動員ランキング2位

映画主題歌を含む大川隆法作詞・作曲の楽曲集CD

大川隆法総裁が手がけた21曲の楽曲を収めたアルバム。「Ⅱ」には、映画関連の楽曲を収録。

「RYUHO OKAWA ALL TIME BEST Ⅰ」「同Ⅱ」
各 3,240 円（税込）

過去２作品が米アカデミー賞の審査対象作品に

映画「神秘の法」（2012年公開）が、第85回アカデミー賞 長編アニメ部門 審査対象作品に、映画「UFO学園の秘密」（2015年公開）が、第88回アカデミー賞 長編アニメ部門 審査対象作品に選ばれています。

ヒューストン国際映画祭で最高賞ほか各映画祭で選出された「神秘の法」

- 第46回ヒューストン国際映画祭
  劇場用長編映画部門最高賞
  スペシャル・ジュリー・アワード受賞作品
- 2013年 パームビーチ国際映画祭長編部門 ノミネート作品
- リスボン・アニメ映画祭“Best of the World 2013”選出作品
- 2013年 ハンブルグ日本映画祭選出作品

2018

「さらば青春、されど青春。」（実写）
◇Yahoo! 映画評価「泣ける」「ロマンチック」「不思議」「知的」作品ランキング1位

2018

「心に寄り添う。」（実写）

2017

「君のまなざし」（実写）
◇国際ニューヨーク映画祭
長編映画部門 最優秀長編作品

2016

「天使に〝アイム・ファイン〟」（実写）
◇Yahoo! 映画評価ランキング1位

2015

「UFO学園の秘密」（アニメ）
◇ディングル国際映画祭
長編アニメ部門選出作品

2012

「神秘の法」（アニメ）
◇第46回ヒューストン国際映画祭
劇場用長編映画部門最高賞
スペシャル・ジュリー・アワード受賞作品
◇パームビーチ国際映画祭
長編部門ノミネート作品

2012

「ファイナル・ジャッジメント」（実写）
◇ハンブルグ日本映画祭 選出作品

2017 年までに公開された映画作品の多くは DVD 化されている。詳しくは下記の幸福の科学出版サイトへ。
https://www.irhpress.co.jp/irhpress/company/business/movie/

第2部

映画「宇宙の法―黎明編―」の魅力に迫る

前日譚《ぜんじつたん》に当たる映画「ＵＦＯ学園の秘密」から３年――。
映画「宇宙の法―黎明編―」では、
新たな宇宙人との対決、そして、
３億３千万年前の地球へのタイムジャンプ、
地球神アルファとの出会いが描かれます。
作品の世界観をより深く味わうため、
公開前に知っておきたい基本情報を網羅《もうら》しました。

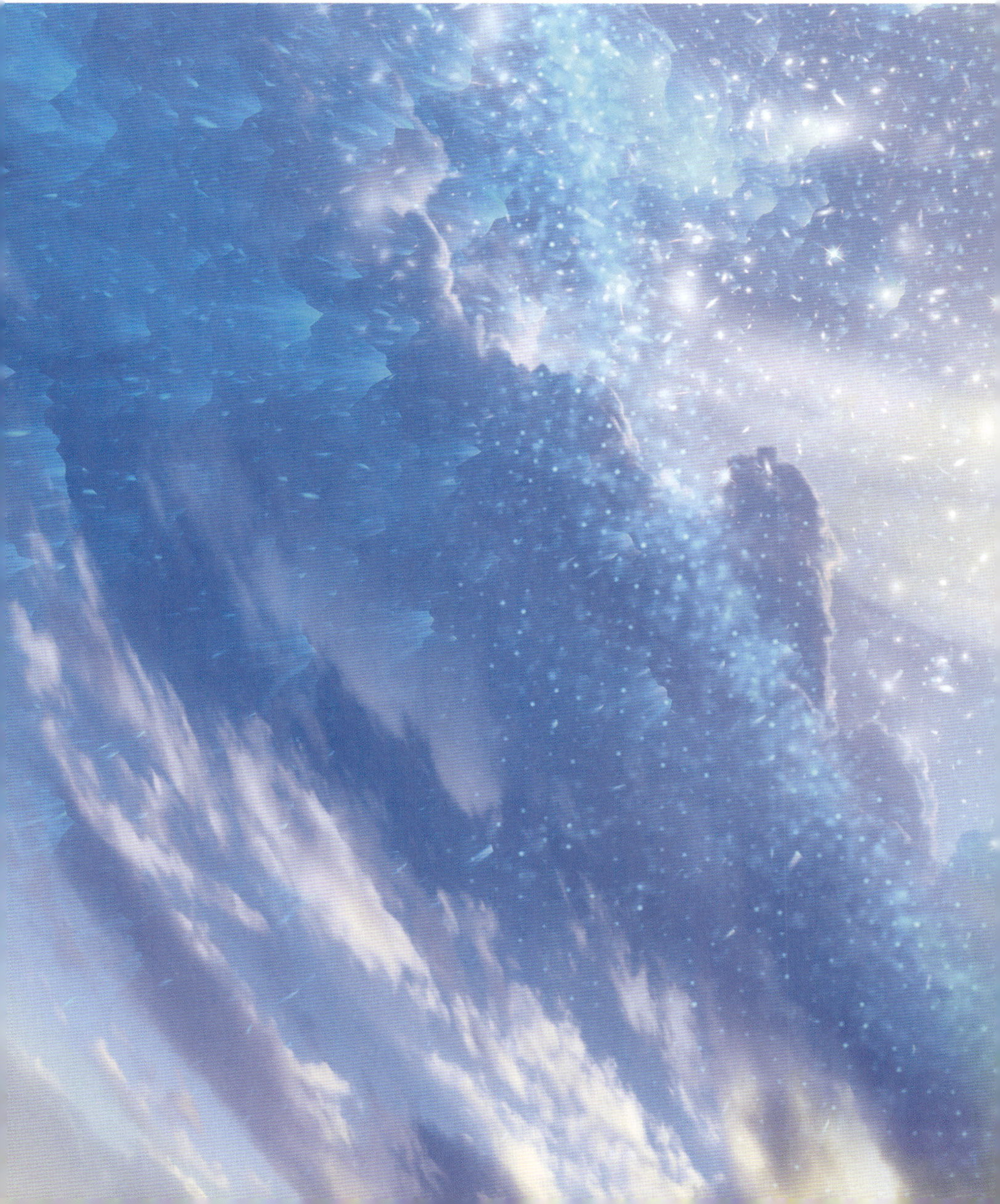

The Laws of The Universe Part 0 UFO学園の秘密

前日譚《ぜんじつたん》、映画「UFO学園の秘密」のストーリーを振り返ります。

01 妹が宇宙人に誘拐《ゆうかい》された⁉

ナスカ学園に通う、レイ、アンナ、タイラ、ハル、エイスケは、ハルの妹ナツミが睡眠障害で悩んでいると知る。アンナの知人の夜明《よあけ》教授の調べで、ナツミの不調の原因は宇宙人によるアブダクション（誘拐）だと判明。5人は「チーム・フューチャー」を結成し、調査を始める。

02 多様な宇宙人との遭遇《そうぐう》

学園に忍び寄る宇宙人の謎を追う5人も、地球に友好的な宇宙人によって次々とアブダクションされる。タイラはプレアデス5番星に、ハルはケンタウルスα星に、レイは月面裏側の宇宙基地に、それぞれ招かれ、宇宙の秘密を教えられる。

郵便はがき

料金受取人払郵便

赤坂局承認

5565

差出有効期間
2020年6月
30日まで
(切手不要)

1 0 7-8 7 9 0

112

東京都港区赤坂2丁目10−14
幸福の科学出版(株)
愛読者アンケート係 行

ご購読ありがとうございました。お手数ですが、今回ご購読いただいた書籍名をご記入ください。

書籍名

フリガナ お名前	男・女	歳
ご住所 〒 都道府県		
お電話 ( ) −		
e-mail アドレス		
ご職業 ①会社員 ②会社役員 ③経営者 ④公務員 ⑤教員・研究者 ⑥自営業 ⑦主婦 ⑧学生 ⑨パート・アルバイト ⑩他 ( )		
今後、弊社の新刊案内などをお送りしてもよろしいですか? (はい・いいえ)		

愛読者プレゼント☆アンケート

ご購読ありがとうございました。今後の参考とさせていただきますので、下記の質問にお答えください。抽選で幸福の科学出版の書籍・雑誌をプレゼント致します。（発表は発送をもってかえさせていただきます）

1 本書をどのようにお知りになりましたか？

①新聞広告を見て [新聞名：]
②ネット広告を見て [ウェブサイト名：]
③書店で見て　④ネット書店で見て　⑤幸福の科学出版のウェブサイト
⑥人に勧められて　⑦幸福の科学の小冊子　⑧月刊「ザ・リバティ」
⑨月刊「アー・ユー・ハッピー？」　⑩ラジオ番組「天使のモーニングコール」
⑪その他 ( )

2 本書をお読みになったご感想をお書きください。

3 今後読みたいテーマなどがありましたら、お書きください。

ご感想を匿名にて広告等に掲載させていただくことがございます。ご記入いただきました個人情報については、同意なく他の目的で使用することはございません。

ご協力ありがとうございました。

03 プレアデス3番星とベガへ

夜明教授の発明した通信装置の力で、宇宙人とのコンタクトに成功した5人は、ウンモ星人のUFOに乗り、エイスケの魂の故郷であるプレアデス3番星を訪れる。さらに、アンナの魂の故郷であるベガ星では、人の姿かたちや星の景色が、思いのままに変化する不思議な世界を体験する。

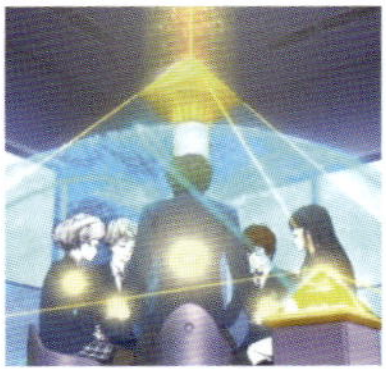

04 裏宇宙の勢力と対決！

地球に宇宙時代を切り開くために、惑星連合の指導者インカールが、チーム・フューチャーとの協力を申し出てきた。しかし、それを阻止《そし》しようとする裏宇宙の邪神《じゃしん》の使者ダハールは、悪質レプタリアンたちを操《あやつ》り、学園を襲撃《しゅうげき》する。レイたちは裏宇宙へと飛ばされ、危機に陥《おちい》るが、信仰レプタリアンと協力し、光の神への信仰の力で戦いに勝利した。

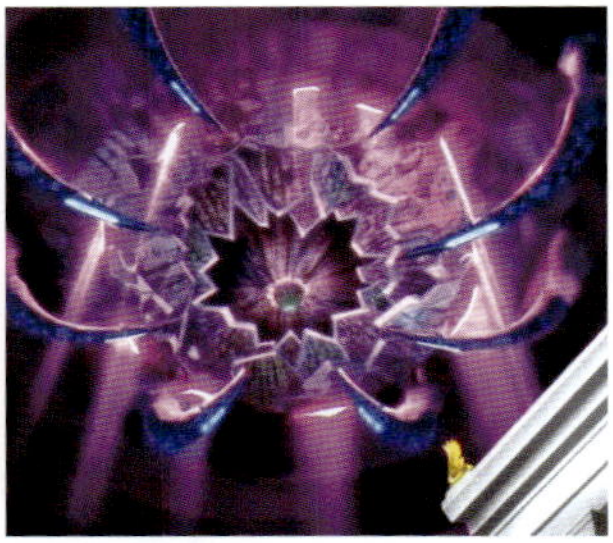
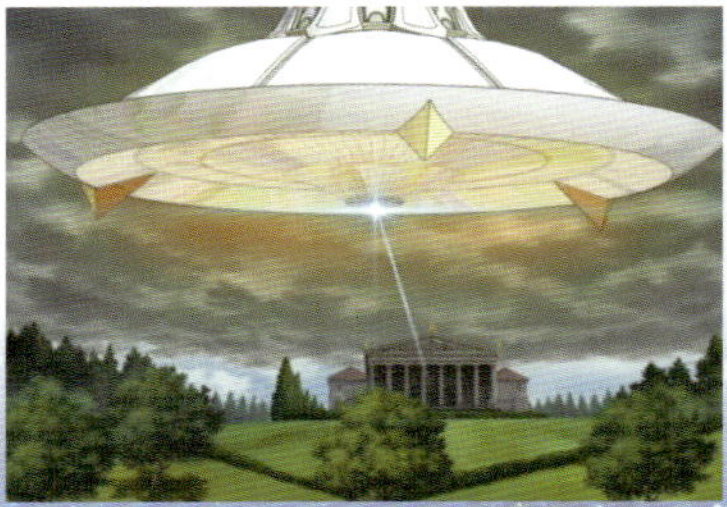

そして3年後、物語は「地球の創世記」へ――。

宇宙の法 黎明編
The LAWS of the UNIVERSE-PART I

映画「宇宙の法―黎明編―」のあらすじを紹介します。

地球侵略《しんりゃく》を狙《ねら》う宇宙人を撃退《げきたい》する5人

ナスカ学園で高校生活を送っていた「チーム・フューチャー」のメンバー、レイ、アンナ、タイラ、ハル、エイスケの5人は、それぞれの夢に向かってナスカ・ユニバーシティに進学し、さらに、5人は魂の奥にある母星《ぼせい》の力「ギャラクシー・フォース」を体得し、学業の傍《かたわ》ら、インカールが指導する惑星連合の依頼を受けて、地球侵略を狙う悪質レプタリアンを撃退し続けていた。

暗黒のエネルギーを放つ〝謎の少年〟に捕らわれるタイラ

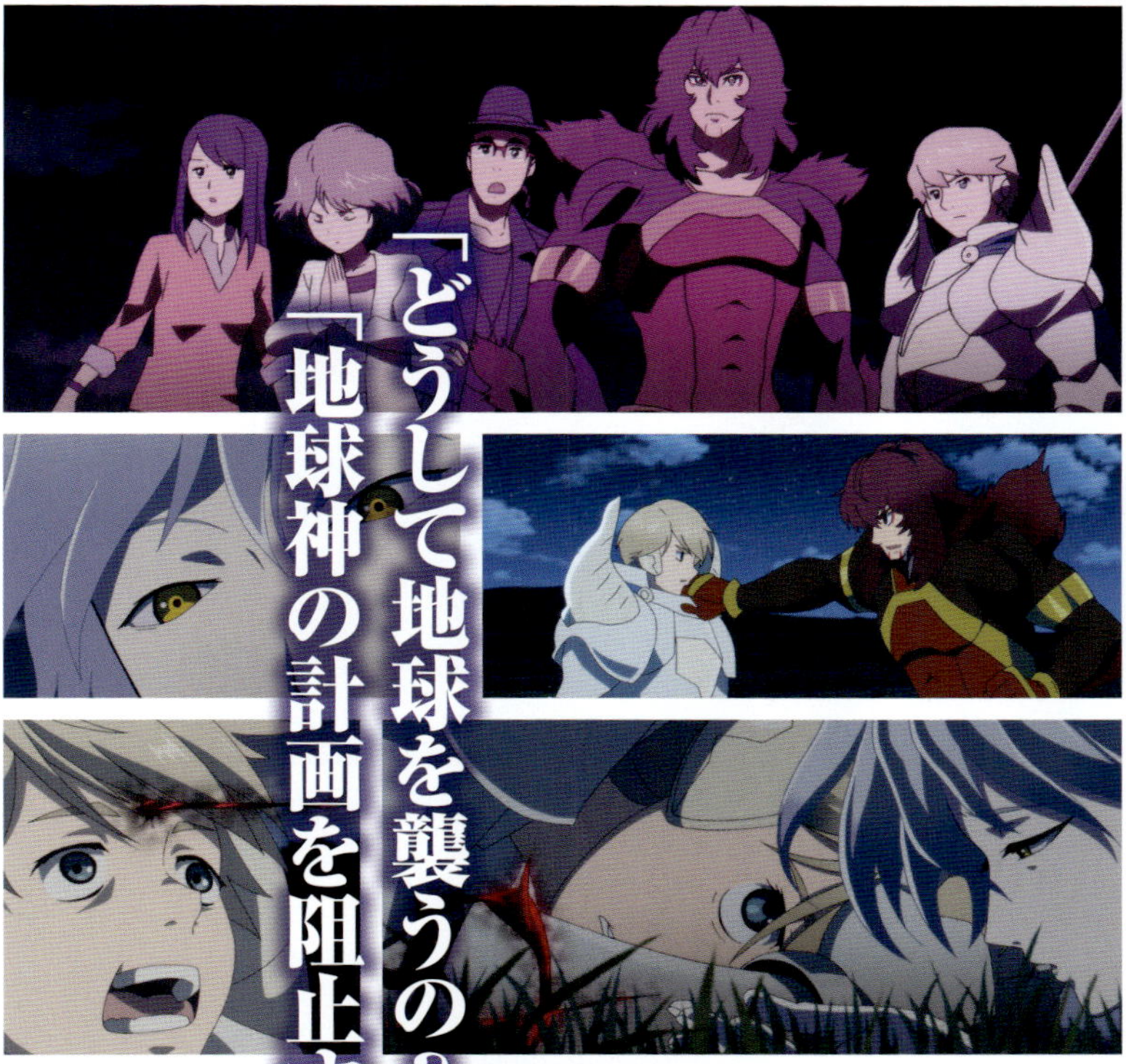

「どうして地球を襲うの？」
「地球神の計画を阻止するためだよ」

そんな日常に、大きな危機が訪れる。いつものように、悪質レプタリアンの撃退に向かったある日。些細《ささい》なことから、レイとタイラが口論を始める。レイの反対を振り切り、逃げる敵を一人で追いかけたタイラは、暗黒のエネルギーを放つ謎の少年に捕まってしまう。彼の名はダハール。忘れもしない、3年前の「ナスカ学園宇宙人襲撃事件」の黒幕《くろまく》だった。

レイ、タイラ救出のため3億3千万年前の地球へ

「タイムジャンプするのは極めて危険です」

「大丈夫。俺は必ず戻る」

タイラを救えなかった自責の念に駆《か》られるレイ。そこに、インカールが現れ、「『宇宙ディスク』を使い、地球神の生まれた時代に行くことができれば、タイラを救う手がかりがあるかもしれない」と言う。レイは、親友を救うため、命の危険をかえりみず、3億3千万年前の地球へとタイムジャンプするのだった。

レプタリアンの女帝と共に地球神のもとへ――

目を覚ましたレイは、恐竜《きょうりゅう》が棲《す》み、巨大植物が生《お》い茂《しげ》る森で、ゼータ星から来たレプタリアンの女帝ザムザと遭遇《そうぐう》する。彼女は母星を攻撃され、部下と共に宇宙船で脱出している際、突如《とつじょ》現れたエロスと名乗る少年によって、地球に招かれたのだった。レイとザムザはエロスに誘《いざな》われ、ピラミッド型の神殿に入っていく。神殿の奥では、地球神アルファが2人を待っていた。

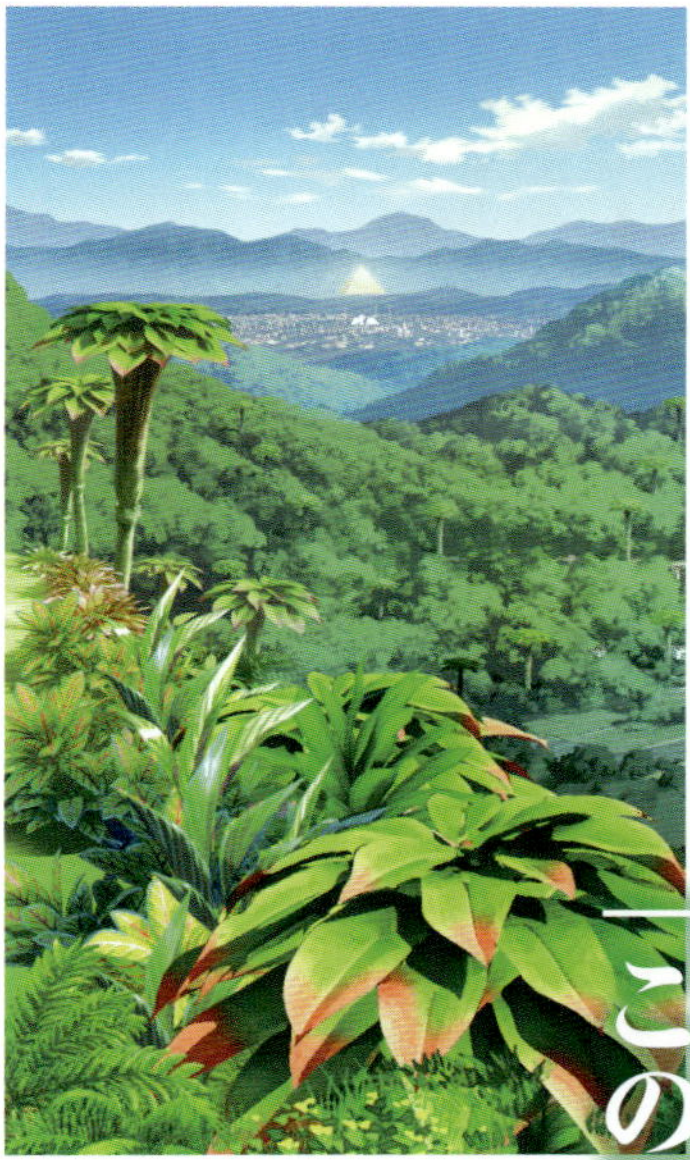

「……アルファ？」

「この星の、主の名だ」

Story Check 1

地球も、宇宙から狙《ねら》われている!?
戦いの末、壊滅《かいめつ》させられた星々

映画「宇宙の法―黎明編―」に登場する宇宙人や、かつて他の星に生まれていた地球人のなかには、他の星から攻撃を受け、故郷が滅ぼされてしまった過去を持つ人もいます。ここでは、タイラ、ハル、ザムザの故郷で起こった星間戦争について触れます。

レプタリアンらの攻撃により滅びを迎えた

プレアデス7番星

7番星はプレアデス星団の7連星において中心的な星であり、プレアデスの指導者たちが住んでいた。しかし、レプタリアンやオリオンなどに関係する者たちが襲来《しゅうらい》して滅び、「星の死」を迎えた。

プレアデス7番星出身のタイラ。故郷を滅ぼされた過去を持つ彼は、その後、地球神に導かれ、地球人として転生《てんしょう》する。今生きている地球を他の星の攻撃から守ろうとする気持ちが強い。

同族同士の戦いで文明が滅ぼされた

ケンタウルスα星

ケンタウルスα星には、信仰を重んじる種族と、科学を進歩させる理科系の種族がいた。両者は相容れることができず対立し、信仰を大切にする種族は、科学技術系の勢力によって文明を破壊されてしまった。

信仰を重んじる種族として生まれていたハル。文明を破壊されたとき、仲間たちと共に、何百隻もの大船団を組んで星を脱出した。地球に転生した現在も、宗教家になるための勉強に励んでいる。

突如《とつじょ》攻撃を受け、壊滅的な被害を受けた

マゼラン星雲ゼータ星

マゼラン星雲にあるゼータ星は、レプタリアン型宇宙人の本拠地の一つ。レプタリアンは、「進化」を重んじ、激しい生存競争を繰り広げている。ゼータ星は、あるとき、別の勢力から攻撃され、壊滅したと言われている。

「ゼータ星最強」と謳《うた》われた女帝ザムザだが、母星から仲間と共に地球へと脱出することになる。

地球神の計画を阻《はば》む

裏宇宙

地球への攻撃を仕掛ける裏宇宙の邪神《じゃしん》の使者ダハール。彼の住んでいた星も、かつては表側の宇宙にあったが、滅ぼされてしまったようだ。地球神の計画を阻止しようとする彼の行動の理由は何なのか？　地球は、邪悪な宇宙人からの攻撃に耐えられるのか？　本編で見届けてほしい。

Story Check 2

地球神の計画、地球の歴史は守られるのか!?
地球創世記の舞台に迫る危機

地球神の計画を阻止するため、3億3千万年前の地球を攻撃しようと画策するダハール。レイは、地球を守り、タイラを助けるため、危険なタイムジャンプに挑みます。ここでは、地球神が最初に地上に生まれ、創世記の舞台となった「アルファシティ」について紹介します。

地球神信仰を基礎とした都市
アルファシティ

アルファシティがあるのは、現在の地球で言うとサウジアラビア付近になる。当時は、温暖な亜熱帯気候で、豊かな自然にあふれた都市を形成していた。

都市の中心にあるアルファ神殿。地球神アルファが祀《まつ》られている。アルファ神殿のほかにも、都市を囲むように、複数の礼拝施設があり、各村ごとに祈りや儀式が行われている。

人間と宇宙人が共存する
最初の人類

アルファシティには3種類の人間が住んでいた。1種類目は、霊体《れいたい》として存在していた魂を実体化させ、この世に肉体を持つ存在とした者。2種類目は、他の宇宙から来た人々のなかで、地球の環境に適合できた者。3種類目は、宇宙から来た者のなかでも、そのままでは地球の環境に適合できず、地球に住みやすいかたちにつくり変えられ、地上に下ろされた者だった。

地球人類は信仰心が深く、神を讃《たた》えて歌ったり踊ったりする文化もあった。

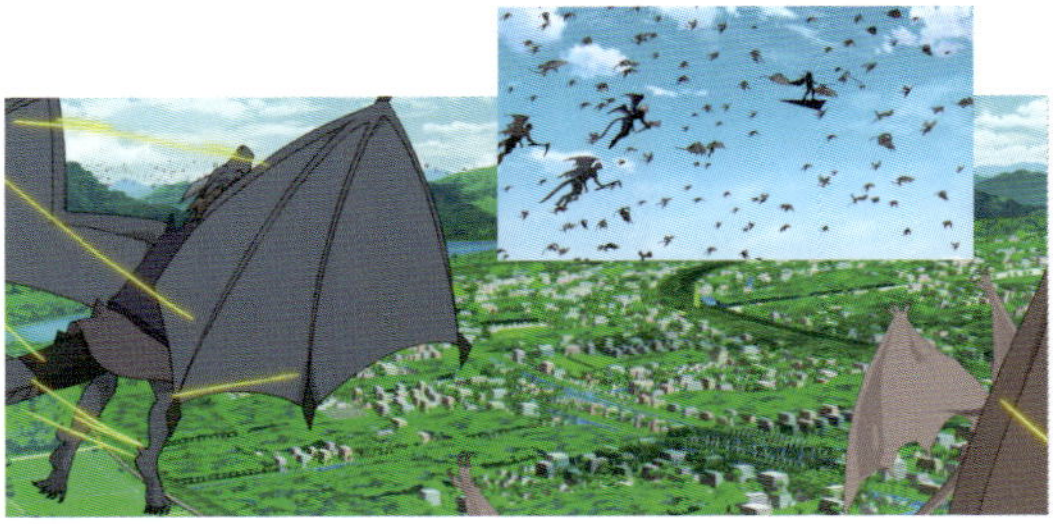

地球に迫る危機！
宇宙人の襲来

宇宙人のなかには、地球神に招かれ、地球で暮らす者もいたが、地球侵略を目論《もくろ》む者や、地球人を捕食対象として襲う者もいた。本編では、アルファシティが裏宇宙から来た悪質レプタリアンたちに襲撃されてしまう。

「本当に強いんだったら、人を愛せってことかな」

レイ

天城《あましろ》 零《れい》

CV：逢坂良太《おおさかりょうた》

正義感の強いリーダー

ナスカ・ユニバーシティの法学部で政治の勉強をしている学生。アンドロメダの総司令官の魂を持つ。行方不明になった親友タイラを探すため、危険なタイムジャンプを敢行《かんこう》し、地球神アルファと出会う。

DATA

身　長	177cm
誕生日	4月30日
星　座	おうし座
血液型	O型

Galaxy Force

レイは変身することで、超人的な身体能力を発揮する。手元の鉄《てっ》甲《こう》は、破壊力を増強する武器で、地面を打つと衝撃《しょうげき》波《は》によって眼前の敵を倒すことができる。

魂のルーツ

アンドロメダ銀河

レイの魂のルーツは、地球のある天の川銀河からはるか230万光年離れたアンドロメダ銀河。

「地球の平和を脅《おびや》かす奴は、誰であろうと許さない！」

タイラ

日下部《くさかべ》 大空《たいら》

CV：柿原徹也《かきはらてつや》

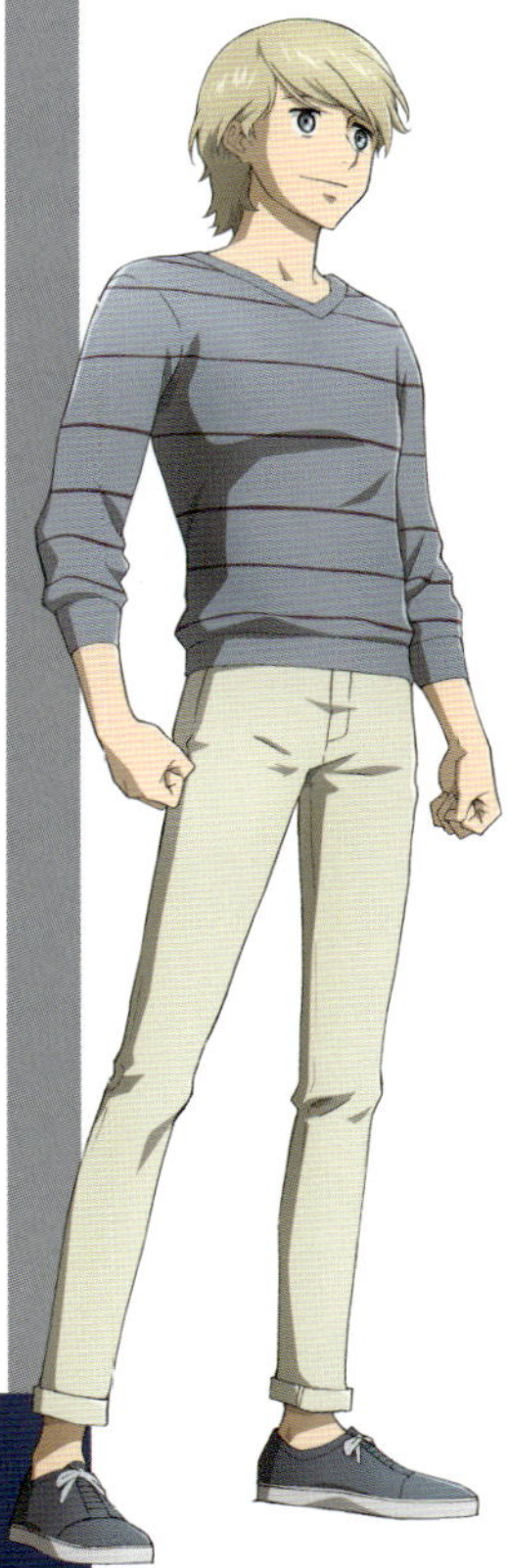

陰謀《いんぼう》に巻き込まれる

ナスカ・ユニバーシティでUFOの研究をしている理工学部の学生。プレアデスのホワイトナイトの魂を持つ。母星を滅ぼしたレプタリアンに復讐《ふくしゅう》するため、ダハールのそそのかしに乗ってしまう。

DATA

身　長	173cm
誕生日	3月5日
星　座	うお座
血液型	A型

Galaxy Force

White Knight

“ホワイトナイト”

中世ヨーロッパの騎士のように、長槍と盾を持った甲冑《かっちゅう》姿に変身するタイラ。悪質レプタリアンを一撃で仕留められる凄《すさ》まじいパワーを持つ。

魂のルーツ

プレアデス7番星

タイラの魂のルーツは、プレアデス7番星。プレアデス7連星の中心的な星だったが、レプタリアンらの侵略により滅ぼされた。

「俺たちチームだろ？

アンナ

水瀬《みなせ》 アンナ

CV：瀬戸《せと》麻沙美《あさみ》

映画監督の卵

恋人レイの無謀《むぼう》な行動をいつも心配している。将来の夢である映画監督を目指し、自主映画を制作中。

DATA

身　長	165cm
誕生日	8月1日
星　座	しし座
血液型	A型

目の合った相手に幻覚を見せることができるほか、電撃ムチによる攻撃も習得している。

魂のルーツ **ベガ星**

宇宙人時代のアンナは、自在に姿を変化させるベガ星人だった。

エイスケ

風間《かざま》 永介《えいすけ》

CV：羽多野《はたの》渉《わたる》

教師を志す

仲間思いのお調子者。人気アーティストとしての顔も持つ。

DATA

身　長	176cm
誕生日	9月23日
星　座	てんびん座
血液型	AB型

ハル

森下《もりした》春花《はるか》

CV：金元寿子《かねもとひさこ》

「一人で突っ走るな！」

宗教学の勉強に励む

大学院への進学を目指して勉学に励んでいる努力家。

DATA

身　長	160㎝
誕生日	5月11日
星　座	おうし座
血液型	O型

Galaxy Force

Absolute Sanctuary

“アブソリュート・サンクチュアリ”

ハルの力は攻撃的なものではない。魔法陣を用いて、仲間を守る結界をつくったり、対象者を戦いの場所から安全な地へ転送することができる。

魂のルーツ **ケンタウルスα星**

ハルはケンタウルスα星出身。同じケンタウルスα星に住む別の種族に攻撃され、星を追われた。

Galaxy Force

Invisible Spear

“インビジブル・スピア”

ウンモ星人にウォークインされていたエイスケ。ウンモ星人の力で体を透明にし、その隙に、指に装着した針状の武器で攻撃する。針で刺された相手は、一瞬で体がしびれ、動けなくなってしまう。

魂のルーツ

プレアデス3番星

エイスケはかつて愛と美と繁栄の星プレアデス3番星の貴族だった。

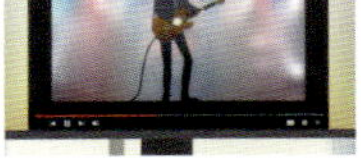

ネットに自作の音楽をアップしたところ人気に火がついた。今は世界的アーティストとして活躍中。

マゼラン星雲 ゼータ星人

「強い者が弱い者を支配する。それが宇宙のルールだ」

ザムザ

CV：千眼美子《せんげんよしこ》

マゼラン星雲にあるゼータ星のレプタリアン（爬虫類《はちゅうるい》型宇宙人）。強権を持つ女帝として君臨している。地球神アルファの招きにより、仲間と共に地球に飛来する。

ジンベイザメ型宇宙船

ゼータ星が消滅の危機に陥《おちい》り、ザムザは、ゲオパルドたち配下のレプタリアンを引き連れて脱出する。地球へは、長さ2kmに及ぶジンベイザメ型の大母船に乗ってやってきた。

完全体のザムザは、翼竜《よくりゅう》型レプタリアンの姿。口から火焔《かえん》を吐き、圧倒的な力で敵を攻撃する。

ゲオパルド

CV：安元洋貴《やすもとひろき》

ザムザの配下。ザムザと共にゼータ星から脱出し、地球にやってきた。

ゼータ星

「進化」に強い関心を示すレプタリアンが住む、科学技術が発達した星。星の表面はほぼ水に覆われている。翼竜の像がある背の高い建物には、女帝ザムザが住んでいる。

裏宇宙の使者

「この宇宙では弱い者にな～んにも価値なんてないんだよ」

ダハール

CV：村《むら》瀬《せ》歩《あゆむ》

裏宇宙の邪神の使いのレプタリアン。３年前に起きた「ナスカ学園宇宙人襲撃《しゅうげき》事件」の黒幕《くろまく》。時空間を航行し、地球神の計画を阻止しようとする。

ダハールの母船。高度な時空間航行技術を持っている。

黒い騎士

ブラックナイトと呼ばれるダハールの配下。

惑星連合

「諦めるのは、まだ早い」

夜明 優

CV：浪川大輔《なみかわだいすけ》

アンナの元家庭教師。現在は、ナスカ・ユニバーシティ理工学部の教授。

ウンモ星人

CV：二又一成《ふたまたいっせい》

エイスケにウォークインしていた宇宙人。羽の欠片《かけら》を使い、自他の姿を見えなくすることができる。

インカール

CV：伊藤美紀《いとうみき》

惑星連合の指導者。地球を見守るべく、レイたち「チーム・フューチャー」と契約を結び、交流している。

ヤギ型宇宙人

CV：白熊寛嗣《しろくまひろし》

惑星連合に属する、体長5mの巨大な宇宙人。

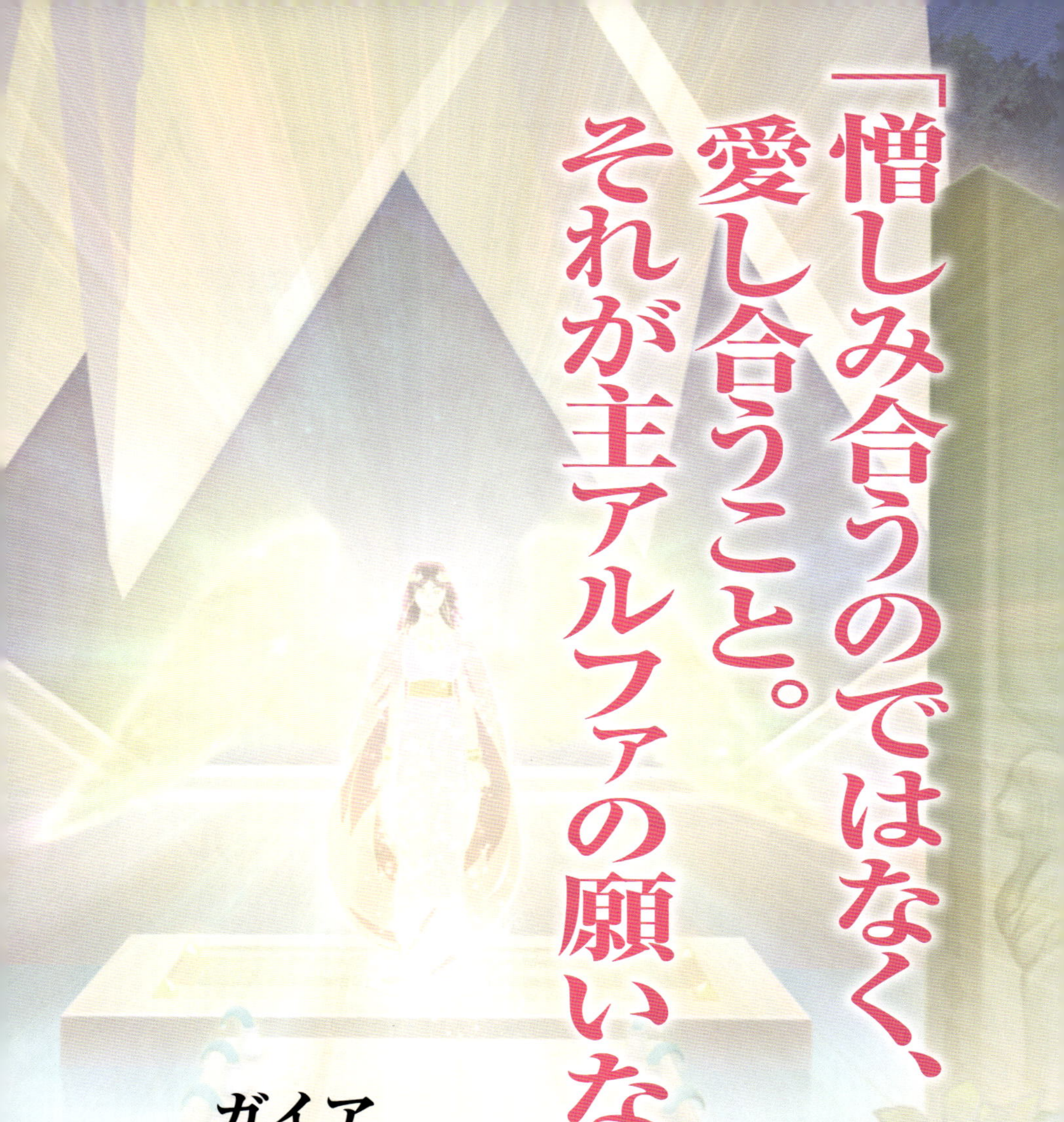

「憎しみ合うのではなく、愛し合うこと。それが主アルファの願いなのです」

ガイア

CV：大原《おおはら》さやか

アルファ神に仕える地球の女神

地球神アルファを妻として支え、アルファシティを守る女神。人々からは、信仰者としての姿が敬われている。

アルファシティに住む人々を守るため、変身
して戦うガイア。

アルファ神殿の入り口を守るスフィンクス像。左がガイア
の女神的側面、右が戦う側面を象徴《しょうちょう》している。

アルファを守るため、盾となって攻撃を防御するガイア。

エロス

CV：立花慎《たちばなしん》之《の》介《すけ》

**ザムザをアルファ神の
治める地球へと導いた、
神秘的な少年。**

アルファが自ら戦いに
臨む際、その身を変
化させ、剣となり盾と
なって、共に戦う。

「地球人として、何をなすべきか。汝《なんじ》も、それを思い出せ」

アルファ

CV：梅原裕一郎《うめはらゆういちろう》

文明を創造した地球神

地球に新たな文明を起こすため、人類を創造し、３億３千万年前の地球に下生《げしょう》した始原の神。地球における新たな文明の創造を計画している。

アルファを祀《まつ》る天空のアルファ神殿。アルファシティの中心に位置する。

“The Beginning《ザ・ビギニング》”
＜アルファのテーマ＞

作詞：大川隆法／作曲：大川隆法
編曲：水澤有一／歌唱：Michael James

Now, Here I Am.

I Am The Beginning.

You All Are The Followers.

Love The Others Like You Are Loved.

Be In Harmony.

Pursue Beauty.

Know The Fact,

True Beauty Comes From The Soul.

Be Earthlings.

I Will Say Onto You.

Make Progress With Harmony.

This Is The Condition Of An Earthling.

May All Of You Be Happy.

Now, Here I Am.

I Am The Beginning.

And, I Am The Ending.

I Am The Light Itself.

“Mission《ミッション》”
＜ガイアのテーマ＞

作詞：大川隆法／作曲：大川隆法
編曲：水澤有一／歌唱：恍多

始《はじ》まりの時《とき》から、
“Mission《ミッション》” はあった。
なぜかは知《し》らないけれど、
“Something Great《サムシング グレイト》” を護《まも》り抜《ぬ》くのが、
私《わたし》の使命《しめい》。

時《とき》には、
不可能《ふかのう》と思《おも》えることもある。
私《わたし》が “あの方《かた》” の右腕《みぎうで》になれるのか。
私《わたし》が “あの方《かた》” の盾《たて》になれるのか。
レプタリアンの大群《たいぐん》に、
私一人《わたしひとり》で勝《か》てるのか。

始《はじ》まりの時《とき》から、
“Mission《ミッション》” はあった。
でも、主《しゅ》の時《とき》は来《き》た。
心《こころ》ならずも闇《やみ》を討《う》つ。
涙《なみだ》をこらえて闇《やみ》を討《う》つ。
聖《せい》なるものを護《まも》り抜《ぬ》く。
たとえ、相手《あいて》が闇宇宙《やみうちゅう》の支配者《しはいしゃ》でも、
私《わたし》の使命《しめい》は変《か》わらない。

ガイアは涙《なみだ》を見《み》せないのだ。
永遠《えいえん》のプロテクター。
それが私《わたし》の “Mission《ミッション》”。
命捧《いのちささ》げて護《まも》り抜《ぬ》く。
そんな神人《ひと》が一人《ひとり》ぐらい、
地球《ちきゅう》にいてもいいだろう。
勝《か》って許《ゆる》しを与《あた》えるのが、
それがガイア。
それもガイア。
私《わたし》は決《けっ》して眠《ねむ》らないが、
人々《ひとびと》よ、安《やす》らかに眠《ねむ》るがよい。
時《とき》には、母《はは》ともなりたいのだ。

“Depression《ディプレッション》”
＜ザムザのテーマ＞

作詞：大川隆法／作曲：大川隆法
編曲：水澤有一／歌唱：Claudia V

Ah! Ah! Ah! Depression.
You Are My Depression.
This Is My Nightmare.
Ah! Ah! Ah!
I, Myself, Is A Depression.

I Was The Strongest Queen In This Universe.
Ah! Ah! Ah! Depression.
I Feel Deep Depression.
I Used To Be The Most Beautiful Lady
In This Universe.
Why! Why! Why!
Tell Me The Reason,
What Happened To Me?
This Is An Incredible World!
My Hatred Has Been Changed Into Love.
I've Wasted My Long Time.
God's Magical Love Completely Transformed Me.
Could Anyone Say “Take It EASY” ?
Hold On! Hold On! Hold On!
I Am The Queen.
“The Strongest” And “The Prettiest”.

Ah! Ah! Ah! Depression.
This Is A Painful World.
This Is The First Time I Felt “Fear”.
Oh! God! Save Me!
Save My Life.
Oh! God Of Light!
Forgive Us All.
“Light” Is More Powerful Than “Darkness”.
Let Us Believe In The True World.

「地球《ちきゅう》の守護神《しゅごしん》」
＜レイのテーマ＞

作詞：大川隆法／作曲：大川隆法
編曲：水澤有一／歌唱：TOKMA

地球《ちきゅう》に悪《あく》がある限《かぎ》り、
正義《せいぎ》の剣《けん》は眠《ねむ》らない。
目覚《めざ》めよ！　ギャラクシー・フォース!!
今《いま》こそ真実《しんじつ》を知《し》る時《とき》だ。
迷《まよ》いの闇《やみ》を打《う》ち破《やぶ》れ。
アンドロメダのパワーこそ、
裏宇宙《うらうちゅう》をも砕《くだ》くのだ。

負《ま》けるんじゃない。
我《われ》らがヒーロー。
君《きみ》がくじけたら、
地球《ちきゅう》は誰《だれ》が護《まも》るんだ。
君《きみ》は命《いのち》をもかけて、
友情《ゆうじょう》を守《まも》り抜《ぬ》く。
君《きみ》は無敵《むてき》だ。
さあ、勇気《ゆうき》をふり絞《しぼ》れ。
立《た》つんだ！　総司令官《そうしれいかん》の魂《たましい》よ。

君《きみ》は、アンドロメダ銀河《ぎんが》を超《こ》えて、
はるばる地球《ちきゅう》にやってきた。
地球《ちきゅう》に悪《あく》がある限《かぎ》り、
光《ひかり》のパワーは終《お》わらない。
敵《てき》を味方《みかた》に変《か》えるまで、
君《きみ》の勇気《ゆうき》は愛《あい》となる。
勇気《ゆうき》が優《やさ》しさだったなんて、
一体誰《いったいだれ》が気《き》づくだろう。

さあ、ゆけ！
地球《ちきゅう》の守護神《しゅごしん》よ。
君《きみ》こそが選《えら》ばれし者《もの》。
君《きみ》は敗《やぶ》れても敗《やぶ》れない。
君《きみ》は僕《ぼく》らの希望《きぼう》。
君《きみ》は僕《ぼく》らの未来《みらい》。
君《きみ》は僕《ぼく》らの、永遠《えいえん》の守護神《しゅごしん》なんだから。

「謎《なぞ》めいて」
＜エロスのテーマ＞

作詞：大川隆法／作曲：大川隆法
編曲：水澤有一／歌唱：大澤美也子

いったいあなたは誰《だれ》なの？
いつも突然《とつぜん》に現《あら》われて、
いつも突然《とつぜん》に姿《すがた》を消《け》してしまう。
愛《あい》があるなら、
本心《ほんしん》を語《かた》ってよ。
光輝《ひかりかがや》いているのに、
本当《ほんとう》の姿《すがた》は分《わ》からない。
人間《にんげん》であるなら、
間違《まちが》いもあるはず。
どこかに必《かなら》ず悪《あく》があるはずなのに、
あなたの大《おお》きな瞳《ひとみ》は、
何《なに》も語《かた》らない。
あなたの笑顔《えがお》は、
太陽《たいよう》のように輝《かがや》いて、
神《かみ》の本当《ほんとう》の姿《すがた》を隠《かく》してしまう。
人間《にんげん》の女《おんな》たちは、
あなたのために涙《なみだ》を流《なが》し、
あなたのために魂《たましい》をふるわせる。

いったいあなたは誰《だれ》なの。
「エロス」その言葉《ことば》は、
悩《なや》みの種《たね》。
それとも幸福《しあわせ》の始《はじ》まり。
私《わたし》には分《わ》からない。
ただ一《ひと》つだけ、
確《たし》かなものがある。
あなたが「愛《あい》」を語《かた》った時《とき》、
青空《あおぞら》には、
大《おお》きな虹《にじ》がかかったわ。
これが答《こた》えだと、
私《わたし》は秘《ひそ》かに胸《むね》に刻《きざ》んだのよ。
だまされてもいい。
信《しん》じることにしたのよ。

インタビュー

Interview

監督

今掛 勇

Isamu Imakake

PROFILE

1968年生まれ。アニメーター、アニメ演出家、アニメーション監督。「ふしぎの海のナディア」（原画）、「カウボーイビバップ」（セットデザイン）、「新世紀エヴァンゲリオン」（原画）、「UFO 学園の秘密」（監督）など。「神秘の法」（監督）では「第46回ヒューストン国際映画祭」で劇場用長編部門の最高賞を受賞。

地球の創世記をどう描くか

今作でいちばん難しかったのは、映画の舞台である「3億3千万年前の地球」をどう表現するかということでした。当時の様子は大川隆法《おおかわりゅうほう》総裁の御法話《ごほうわ》などを通して数多くの手がかりをいただいているので、ビジュアルのイメージは膨《ふく》らむんですけど、実際に映像として描くのは難しくて（笑）。

手がかりとして、大川総裁から、「亜熱帯の気候だった」ということも教えていただきましたので、たとえば、ハワイのような、自然と人間が共存し、調和している世界というものを一つの参考にしています。また、アルファシティの中心にある「アルファ神殿」については、エジプトやその他、現代に残っている宗教施設や遺跡を参考にデザインしました。

ところが、現代にあるものをただ模しただけでは、単なるモノマネなんですよね。そうではなく、その奥にある「オリジナル」を探さなければいけません。いろんなものを調べたり、描いたりしていくなかで、現代にも残っている宗教的な理念の部分を探し、デザインとして形にしていきました。

「自分で」つくろうとすると「自分以上のもの」はつくれない

幸福の科学の映画に携《たずさ》わるときは、極力、「自分」の考えや判断を入れないようにするということを心がけています。

もちろん、監督ですので、現場レベルでの判断はしますが、製作総指揮の大川総裁からいただいた原案に基づいて脚本がつくられていく工程は、「自分の考え」でやると、むしろ世界が小さくなってしまうんです。要は、「自分で」つくろうとすると、「自分以上のもの」がつくれなくなるので、なるべく、自分の判断やアイデアを介在《かいざい》させないように努力しました。

結論から言うと、アイデアはすべてもう提示されているわけなんです。大事なことは、いただいているアイデア同士をどうつなげると面白《おもしろ》くなるのかをつきつめていくことです。

そのプロセスのなかで、さまざまな書籍や原案、リーディングの内容すべてが驚くほどきれいにつながっていく瞬間があります。それが面白いですし、「ああ、これが僕の仕事だな」と思っています。

逆に、つなげられないのは、我々の側の限界なんですよね。限界を超えるには、一般的な知識と経験はもちろんのこと、経典《きょうてん》の学びや精舎《しょうじゃ》での研修など、幸福の科学での宗教修行で心を見つめることです。そうして自分のレベルを上げていくと、つなげ方もどんどん縦横無尽《じゅうおうむじん》にできていくんだろうなと思います。そういう意味で、宗教的な悟りを求める姿勢とまったく変わらないと思っています。

前作「UFO学園の秘密」からチーム・フューチャーはどう成長したか

今回は、前作「UFO学園の秘密」から3年後ということで、当時高校生だったチーム・フューチャーのメンバー5人もナスカ・ユニバーシティに進学し、それぞれの夢に向かって頑張っています。ただ、彼らは、実はけっこう悩んでいるんだろうなと思うんですね。

特に、レイやタイラなんかは、自分たちが目指す「正義」や、「新しいUFOをつくって地球を守るんだ」という志には、現時点では遠く及ばないわけです。その夢と現実のギャップに苦しんでいる姿は、現代の若い人たちとの共通点の一つかなと思います。

　また、別の顔として、「ギャラクシー・フォース」という過去の宇宙時代の力を使って変身し、地球から悪い宇宙人を追い返すということも積極的にやっていて、そういう二重生活というか、複雑な体験をして成長しているところもあります。

キャラクターの画をチェックする様子
(HSピクチャーズ・スタジオ)

声優陣の活躍で 躍動するキャラクターたち

　彼らに命を吹き込む声優陣も、前回と同じメンバーに集結していただきました。みなさん有名人なので、今回も引き受けていただけるか、実は心配だったんですが（笑）、再び集まっていただけて、すごくうれしかったですね。

　アフレコ現場で、いちばん感動したのは、チーム・フューチャーの5人が、3年という年月を経たキャラクターとしての成長をしっかりと演じてくれたことです。たとえば、逢坂良太《おおさかりょうた》さんは、レイの成長に合わせてワイルドな感じも出してくれていました。普段の生活のちょっとやさぐれた感じと変身した時のギャップとかも出してくれて、さすがだなと思いました。

　今回新たに登場する声優陣としては、まず、主《しゅ》アルファを演じた梅原裕一郎《うめはらゆういちろう》さんがいます。地球神であり創造主であるということをお伝えしたうえで、今回のお仕事を引き受けてくださったので、すごく感謝しています。

　実は、アルファの声の収録は、映像に合わせるというのではなく、梅原さんに、発する台詞《せりふ》のリズムもすべてお任せして、「こちらが合わせます」というスタンスで収録しました。変に、画《え》とか周りのアドバイスとかに影響されないようにというのがいちばんで、梅原さんがアルファとしての芝居《しばい》に入り込める環境を、まず僕たちがつくるということが大事だったんです。ですから、梅原さんのリズムにお任せして、語りたいように語るというふうにしてもらいました。

そして、ダハール役の村瀬歩《むらせあゆむ》さんですが、アフレコもノリノリでやってくれたと思います。このダハールというキャラクターは、アルファとは真逆の存在で、姿は子供のようですが、宇宙の邪神《じゃしん》とのつながりも内包しているキャラクターです。悪役なのですが、どこか悲壮感《ひそうかん》というか寂しさのようなものもあり、それを村瀬さんが非常に力を込めて演じてくれました。

また、ザムザ役の千眼美子《せんげんよしこ》さんですが、アフレコ現場では、彼女が本当にプロフェッショナルな方であることを改めて実感しました。僕らはよく「ピントが合う」と言うんですけど、役が降りてくるというか、神懸《かみが》かるというか、そういう瞬間を目《ま》の当たりにしました。

ザムザはいろんな側面を持つ難しい役なのですが、そのいろんな姿を、声のなかに含んで演じてくれたと思います。もともとは、すごく可愛らしい声の方ですが、声優としての演技では、役としての声の幅や深みが存在していて、お願いできて本当によかったです。

エンターテインメントであり 地球や宇宙の創世に関わる壮大な作品

この作品は、地球の3億3千万年前、主アルファの時代の不思議な世界を、3年前にUFO学園で活躍したレイたちがナビゲートしていくアドベンチャー感覚の映画になっています。アクションあり、恋愛あり、友情あり、映像や音楽のエンターテインメント性も含めて楽しんでいただきたいと思います。

作品のテーマは、「地球人の始まり」「人種の始まり」「宗教の始まり」、さらに、「宇宙人や宇宙の創世」であり、壮大なストーリーではあるのですが、ご家族連れでも十分楽しめる作品になったと思います。ぜひ、いろんな方をお誘いしてご覧いただければ幸いです。

インタビュー
Interview

音楽
水澤有一
Yuichi Mizusawa

PROFILE

1960年生まれ。新潟県出身。作曲家。音楽理論を独学で習得し、シンセサイザー多重録音による音楽を研究。映画「さらば青春、されど青春。」「君のまなざし」、NHKスペシャル「始皇帝」「ハウステンボス」等、数々の映画、CM、イベントの音楽を手がける。旭化成のCMでACC大賞年間最優秀賞受賞。世界進出を機にアーティスト名を「M.I.Z.」に改名。

幸福の科学のアニメ映画の醍醐味《だいごみ》とは

幸福の科学のアニメーション映画としては、「UFO学園の秘密」以来、3年ぶりに音楽を担当させていただきました。

最初に脚本を読ませていただいたときは、前作では高校生だったレイやタイラたちがどうなっているかを期待しつつ、3億3千万年前の地球の世界観をイメージしながら、楽しく読ませていただきました。

アニメの醍醐味は、やはり、主《しゅ》のご説法シーンがあることだと思います。今回は、地球神アルファ様が登場されるということで、「これはいいぞ！」という期待感でいっぱいでした。声優の梅原裕一郎《うめはらゆういちろう》さんの声もばっちりで、本当に素晴らしかったです。

千眼美子《せんげんよしこ》さんもザムザ役で声優として参加されていますが、声だけでもさすがの表現力ですね。いつもの雰囲気《ふんいき》と違うので、彼女が演じているというのは、言われないと気づかないと思います。

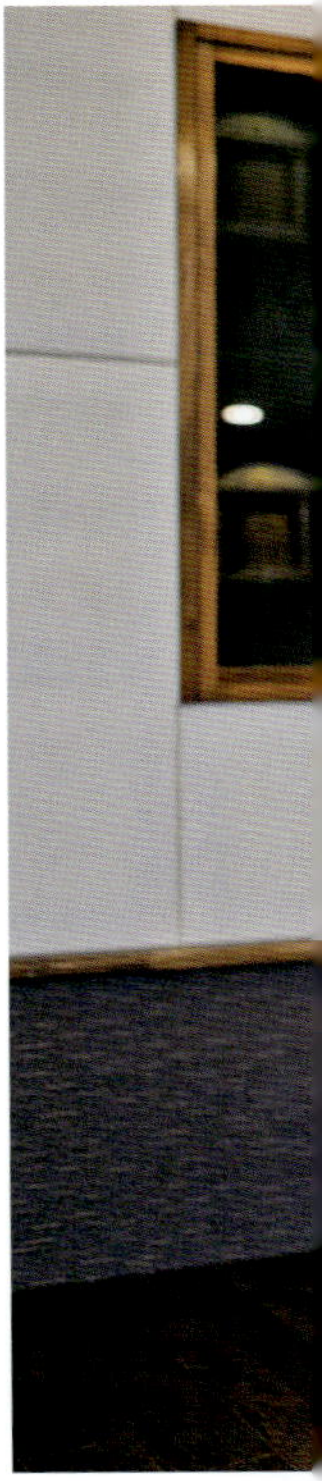

大川隆法《おおかわりゅうほう》総裁が作詞・作曲された楽曲について

今回は、製作総指揮の大川隆法総裁が作詞・作曲された主要キャラクターのテーマ5曲と、本作のテーマ曲の編曲を担当させていただきました。

大川総裁の楽想は、ずっと聴いていると、一曲一曲のメロディラインから、何かしら「世界」が滲《にじ》み出てくるんです。ですから、最初から決めつけず、よく聴き込むことから始め、メロディや歌詞が抱《かか》えている「音の世界」に相応《ふさわ》しい音をつけさせていただくようにしています。

たとえば、今回でいうと、「アルファのテーマ」は、作品全体の世界を創っているような感じで、他の楽曲は、その世界の構成要素としてそれぞれ存在しているというイメージが浮かびました。全体が管弦楽のような感じで調和しており、その世界のなかで、5曲それぞれの色合いが出るようにしようと思ってアレンジしています。

アルファ様の楽曲「The Beginning」は、少ない音でありながら、密度の高い音楽にしています。前奏は管弦楽だけでうねらせて、最初の「Now, Here I Am.」という歌詞が出てくるところは、主が降臨《こうりん》される様を、エコーをたっぷり利《き》かせて表現しています。

ガイア様のテーマ曲「Mission」は、歌詞からガイア様の使命を学ばせていただけますよね。主のために働く気概や、使命に生きるという思いが伝わってきます。ですので、静かでありながらも、力強さや崇高《すうこう》さが出せたらと思って、アレンジしています。

エロスのテーマ「謎めいて」は、この曲だけ第三者の視点で歌詞が作られていたので、その「第三者」の雰囲気に合わせて、音も柔《やわ》らかな女子っぽさを意識しました。

ザムザのテーマ「Depression」だけは異質で、ヘビメタ系になっています。彼女が地球に来て、レイやアルファ様と接して変わっていく前の心境を象徴《しょうちょう》するような勢いのよさを出すことで、作中での彼女の変化に意味が出てくると思い、あえて極端にしてみました。

作品のエンディングに流れる「『宇宙の法』テーマ曲」は、楽想としていただいたメロディの断片をすべて採譜《さいふ》して、メロディが持つ高揚《こうよう》感《かん》や雰囲気を再現するように、再構築させていただきました。

実は、この曲の最後のほうに出てくるメロディのなかで、私が「勇者のメロディ」と呼んでいる箇所があるのですが、その一部をレイのテーマ「地球の守護神」にも転用させていただきました。

3億3千万年前の世界観を表現する音

アルファ様の時代の世界観を表現するにあたって、今掛《いまかけ》監督から、私が作曲する瞑想曲《めいそうきょく》のような音が絶えず鳴っている世界観にしたいというオーダーがありました。

さらに、音響監督の意見もあって、今回は、通常の劇伴《げきばん》と呼ばれるBGMのほか、「温かい陽射《ひざ》し」「川のせせらぎ」「神殿の澄《す》んだ空気」などにも、単なる効果音ではない音楽を作りました。陽射しの音だけでも、「温かい陽射し」「澄んだ陽射し」など、何種類かあるんですよ（笑）。自分で色のついた映像を観て、質感などを判断できればいいのですが、その前に音楽を作らないといけないため、これはもう、終わりのない作業でしたね。

あまりに音楽的になりすぎてもいけなくて、一定の質でたゆたう音が流れるようにしつつ、光のきらめきなども音で表現するという、その加減が難しかったです。

映画のハイライトである主アルファの説法シーンについて

私にとって、この映画のハイライトは、やはり、アルファ様のご説法シーンになります。ここは、いちばんの聴きどころなので、アルファ様の言葉の流れが、映画を観ている皆様にスムーズに入っていくことだけを考えて、無駄な転調などはせずに、ご説法の内容に沿って音が広がっていくような感じにしています。

今回は、「宇宙の法」ということで、もちろ

アルファ神の説法シーン（本編より）

ん新しい宇宙情報がいっぱい出てくることも大きな魅力ですが、その一方で、アルファ様のご説法の内容は、とても普遍的で、映画「太陽の法」で、お釈迦《しゃか》様が教えを説く多宝塔《たほうとう》のシーンに似た感動があります。

今作のアルファ様から「太陽の法」のお釈迦様の時代までは、3億年以上の時間がありますが、創造主が宇宙の仕組みや世界の成り立ちのような普遍的な法をずっと一貫して説いてくださっているんだと思うと、ものすごく胸が熱くなりました。

映画を観る方へのメッセージ

映画をご覧になる皆様には、3億3千万年前の地球はこんな雰囲気だったんだなということを少しでもイメージしていただけるといいなと思っています。ほんの少しでいいので（笑）、サラウンド音声で、この異世界観に浸《ひた》っていただければ幸いです。ぜひ、存分にお楽しみください。

アニメ映画の声優に挑戦！

子供のころから幸福の科学のアニメーション映画を観て育ってきたので、今回、自分が声優として参加できて、夢がかなったように思いました。

今回いただいたザムザという役は、「宇宙最強の戦士」です。宇宙最強になるなんて、役でしか体験できないので、これも役者ならではの喜びです。

ザムザ役声優

千眼美子

Yoshiko Sengen

PROFILE

女優、タレント。「仮面ライダーフォーゼ」、NHK連続テレビ小説「まれ」で注目を集める。2018年公開の映画「さらば青春、されど青春。」にヒロイン役で出演。初主演を務める映画「僕の彼女は魔法使い」は2019年公開予定。その他、イベント出演など多方面で活躍中。

ストーリーについては、シナリオを読んだ段階から、あまりに面白《おもしろ》すぎて大興奮でした！

単に、面白いだけでなく、物語自体が大きな使命を内包していて、「この内容が『真実の創世記』として、多くの人に受け入れられたなら、すごいことが起きる！」と思ったからです。

私たちにとって、互いの考え方や価値観の違いを乗り越えることは、本当に難しいことですよね。そういう「違い」によって起きている問題を、日常の小さなことから世界レベルの大問題まで、すべて解決する可能性を持っている作品だと思ったんです。

物語には、とても個性的なキャラクターたちが登場し、それぞれのやりとりのなかで、そうした「違い」を乗り越えていきます。彼らの姿を通して、「違い」をどう克服すればいいのかまで描かれているので、エンターテインメントとして最高だなあと思いました。

最強宇宙人ザムザの役づくり

役づくりには半年くらいの期間をいただき、その間、大川隆法《おおかわりゅうほう》総裁の「宇宙人リーディング」シリーズの著作を読み込んでいました。ものすごい冊数なのですが、図鑑《ずかん》を見ているような気持ちで読めるところもあって楽しかったです。

私が演じたザムザは、レプタリアンという種族の宇宙人なのですが、私が大川総裁の著作で読んだ「レプタリアンさん」の主張は、私の善悪の価値観とあまりにも違っていて驚きました。それでも、彼らの言葉と向き合い、「彼らにとって、何が善で何が悪なのか」「彼らは何が怖《こわ》くて、何が怖くないのか」などと考えながら、ザムザの気持ちを探《さぐ》っていきました。

いちばん参考になったのは「信仰レプタリアン」と呼ばれる方々の霊言《れいげん》です。ザムザの心境の「ゴール地点」は、このあたりなのかなと参考になりました。

「ザムザ」を演じる難しさ

演じるうえで苦労した点は、声優としてのお芝居《しばい》の仕方が、普段の女優としてお芝居をするときと全然違うところです。

声の出し方や声色《こわいろ》は、役者の体の動きに応じて自然と変化するのですが、声優の場合はいつもマイクの前に直立した状態で演じなければなりません。そのため、たとえば戦っているシーンのスピード感や息が切れている感じも、戦っていない状態の体で表現しなければなりません。そういう点まで考えながら演じるのは、難しかったです。

ただ、もっと大変だったのは、そういう技術的なところより、「ザムザの心境の変化」のところです。

ザムザは宇宙最強の戦士として崇《あが》められていたので、「自分こそ正義だ。最強だ」というギラッとした感覚を持っているのですが、次第に謙虚《けんきょ》になり、やがては信仰に身を捧《ささ》げます。このまったく正反対の心情を両方抱《かか》えながら、バランスを保つのがとても大変でした。

また、演じるときに、ザムザとして「最強」「冷静」であろうとするのですが、そうはなれず、私自身の弱気な面が声に出てしまっていたことがありました。そうなると、ザムザが配下の者に命令している場面でも、怯《おび》えている犬が吠《ほ》えているように聞こえてしまうので、そのたびに監督に軌道《きどう》修正していただきました。

アフレコ中の様子
「収録は6時間くらいかかりました。その間、役であり続けるということなのですが、心が役になっていても声が追いつかなかったり、その逆であったりと、気持ちと声の表現を一致させるのが難しかったです」

いろいろと山場はありましたが、これまであまり演じたことのないタイプの役なので、意外性があって、皆さんにも楽しんでいただけると思います!!

アルファ神、そして地球人への思い

ザムザは、アルファ神から「地球の人間たちを護《まも》ってほしい」と言われると、最初は、「なぜ私が」と不満に思うのですが、その人間たちから温かさを受け取っていくんですね。その温かさはザムザに欠けているものではありましたが、彼女が潜在的《せんざいてき》に「欲しいもの」でもあったと思うんです。それを受け取るうちに、人間たちを少しずつ好きになり、護りたくなり、ついには「地球人を護る」ことが彼女の使命となっていきます。

また、アルファ神に対しても、人々を包み込んでいる包容力や悪しき者から地球を護っている力強さを彼女なりに感じ取り、アルファ神の計画に自《みずか》らも参入していきます。

そんなザムザの姿をアルファ神が見守り、その成長を待ってくださっています。それはもう、「圧倒的に包まれている！」という感覚なんです。アルファ神の愛を皆さんにも感じていただきたいです。

また、ザムザと行動を共にするレイとの関係性にも、ぜひ注目していただきたいです。「強い者は弱い者を支配する」と考えるザムザと違い、レイは「強い者は弱い者を護る義務がある」という価値観を持っています。ザムザが、「愛とは何か」「『ありがとう』とはどういうことか」などを教えられながら、どのように変化していくか、ザムザと一緒に〝モヤモヤ〟しながら観ていただき、最後は、ザムザの神への思いを感じてほしいなと思います。

映画を観る方へのメッセージ

最後に、「この楽しい作品が、実は事実なんですよ！」ということだけお伝えしておきたいです。

いきなり信じられなくてもいいので、3億3千万年前の歴史に思いを馳《は》せてみてください。分からなかったら、もう一度映画を観てください！　そして、この事実を「事実だ」と信じてほしいなあと思っています‼

声優紹介
Voice Actors

レイ役 逢《おお》坂《さか》良《りょう》太《た》

2012年、テレビアニメ「つり球（真田ユキ役）」で初主演を果たし、その後も多数の作品でメインキャラを務めている。主な出演作は、テレビアニメ「ダイヤのA（沢村栄純役）」「革命機ヴァルヴレイヴ（時縞ハルト役）」「ハマトラ（ナイス役）」「山田くんと7人の魔女（山田竜役）」「アルドノア・ゼロ（クランカイン役）」「黒子のバスケ（黛千尋役）」「DIVE!!（大広陵役）」「恋と嘘（根島由佳吏役）」「新幹線変形ロボ シンカリオン THE ANIMATION（清州リュウジ役）」、ゲーム「テイルズ オブ ゼスティリア（ミクリオ役）」「刀剣乱舞（獅子王役）」など。2015年の第九回声優アワードで、新人男優賞を受賞。徳島県出身。

タイラ役 柿《かき》原《はら》徹《てつ》也《や》

幼少期から18歳までドイツに在住。ドイツ語と英語も話せるため、語学力を生かした役を演じることも多い。主な出演作は、テレビアニメ「FAIRY TAIL（ナツ・ドラグニル役）」「天元突破グレンラガン（シモン役）」「弱虫ペダル（東堂尽八役）」「パズドラ（トラゴン役）」「ムヒョとロージーの魔法律相談事務所（ヨイチ役）」、劇場版「機動戦士ガンダムTHE ORIGIN（ガルマ・ザビ役）」、ゲーム「ファイナルファンタジーXV（プロンプト・アージェンタム）」など。2007年の第一回声優アワードで、新人男優賞を受賞。歌手としても活躍している。ドイツ・デュッセルドルフ出身。

アンナ役　瀬戸麻沙美《せとあさみ》

2010年、テレビアニメ「放浪息子（高槻よしの役）」でデビュー。「ちはやふる（綾瀬千早役）」では主人公を演じると共に、エンディング主題歌の歌唱も担当した。その他の主な出演作は、テレビアニメ「アイカツ！（星宮らいち、宮本真子、神谷しおん役）」「あの日見た花の名前を僕達はまだ知らない（ゆきあつ〈幼少期〉役）」「革命機ヴァルヴレイヴ（指南ショーコ役）」「ハルチカ 〜ハルタとチカは青春する〜（芹澤直子役）」「マクロスΔ（ミラージュ・ファリーナ・ジーナス役）」など。埼玉県出身。

ハル役　金元寿子《かねもとひさこ》

2010年、テレビアニメ「ソ・ラ・ノ・オ・ト（カナタ役）」で初主演を果たす。主な出演作は、テレビアニメ「侵略！イカ娘（イカ娘役）」「スマイルプリキュア！（黄瀬やよい、キュアピース役）」「ゲーマーズ！（天道花憐役）」「りゅうおうのおしごと！（空銀子役）」、ゲーム「神撃のバハムート（リーゼロッテ役）」「ソードアート・オンライン—ロスト・ソング—（セブン役）」など。2011年の第五回声優アワードで、新人女優賞を受賞。岡山県出身。

エイスケ役　羽多野《はたの》 渉《わたる》

主な出演作は、テレビアニメ「黒子のバスケ（実渕玲央役）」「ユーリ!!! on ICE（ギオルギー・ポポーヴィッチ役）」「ダイヤのA（増子透役）」「FAIRY TAIL（ガジル役）」「僕のヒーローアカデミア（心操人使役）」「キリングバイツ（野本裕也役）」「グランクレスト戦記（ミルザー・クーチェス役）」「信長の忍び（織田信長役）」「魔法少女 俺（御翔桜世役）」「アイドリッシュセブン（八乙女楽役）」「キャプテン翼（18）（松山光役）」「弱虫ペダル（段竹竜包役）」など。長野県出身。

アルファ役 梅原《うめはら》裕一郎《ゆういちろう》

2013年に声優デビューを果たし、「ヤングブラック・ジャック（間黒男役）」で初主演。主な出演作は、「機動戦士ガンダム 鉄血のオルフェンズ（ユージン・セブンスターク役）」「ゴブリンスレイヤー（ゴブリンスレイヤー役）」「バッテリー（海音寺一希役）」「あまんちゅ（二宮誠役）」「神撃のバハムート VIRGIN SOUL（シャリオス17世役）」など。「ニュータイプアニメアワード2016-2017」において男性声優賞を受賞するなど、実力派としても定評がある。

ガイア役 大原《おおはら》さやか

代表作は、「FAIRY TAIL（エルザ・スカーレット役）」「美少女戦士セーラームーン Crystal（海王みちる／セーラーネプチューン役）」「xxxHOLiC（壱原侑子役）」「ARIA（アリシア・フローレンス役）」「Fate/Zero（アイリスフィール・フォン・アインツベルン役）」「HUG っと！プリキュア（パップル役）」「ゴールデンカムイ（家永カノ役）」「永遠の法（夏瀬夕子役）」など。朗読ラジオ「月の音色」パーソナリティを担当するほか、ナレーターとしても活躍中。

ダハール役 村瀬《むらせ》歩《あゆむ》

2014年に「ハイキュー!!（日向翔陽役）」で初主演。アニメ、吹き替え作品などで活躍中。主な出演作は、「イナズマイレブン アレスの天秤（稲森明日人役）」「ムヒョとロージーの魔法律相談事務所（ムヒョ／六氷透役）」「将国のアルタイル（マフムート役）」「DEVILMAN crybaby（飛鳥了役）」「ブラッククローバー（ラック・ボルティア役）」など。ハイトーンボイスを持ち味に、幅広い役柄をこなす。

エロス役　立花慎之介《たちばなしんのすけ》

主な出演作は、「神様はじめました（巴衛役）」「DD北斗の拳（ケンシロウ役）」「セキレイ（佐橋皆人役）」「ベイブレードバースト 超ゼツ（御朱印スオウ役）」「イナズマイレブン（立向居勇気役）」「ガンダムビルドファイターズ（ニルス・ニールセン役）」「マジンボーン（ルーク役）」「ホイッスル［ボイスリメイク版］（水野竜也役）」など。2013年には「箱庭の令嬢探偵（フロイライン）」で漫画原作者デビューを果たし、作家活動などマルチな活躍を見せる。

ゲオパルド役　安元洋貴《やすもとひろき》

主な出演作は、「鬼灯の冷徹（鬼灯役）」「弱虫ペダル（金城真護役）」「BLEACH（茶渡泰虎役）」「ワンパンマン（キング役）」「東京レイヴンズ（角行鬼役）」「くまみこ（クマ井ナツ役）」「DAYS（猪原進役）」「ドリフターズ（土方歳三役）」「ソードアート・オンライン（エギル／アンドリュー・ギルバート・ミルズ役）」など。低重音ボイスを活かし、さまざまな役を演じるほか、ナレーターとして報道・スポーツ番組などのナレーションも多く担当している。

夜明優役　浪川大輔《なみかわだいすけ》

主な出演作は、アニメでは「ルパン三世（石川五ェ門役）」「HUNTER×HUNTER（ヒソカ・モロウ役）」「ヴァイオレット・エヴァーガーデン（ギルベルト・ブーゲンビリア役）」「ハイキュー!!（及川徹役）」「Axis powers ヘタリア（イタリア役）」など。また、「ロード・オブ・ザ・リング（フロド・バギンズ役）」のイライジャ・ウッドと「スター・ウォーズ（アナキン・スカイウォーカー役）」のヘイデン・クリステンセンの吹き替えでも有名。

インカール役　伊藤美紀《いとうみき》

主な出演作は、「ドラゴンボールシリーズ（人造人間18号役）」、「Fate/stay night（藤村大河役）」「SHUFFLE!（時雨亜沙役）」「ひぐらしのなく頃に（鷹野三四役）」「うみねこのなく頃に（右代宮絵羽役）」「テイルズ オブ ジ アビス（魔弾のリグレット役）」「ヘルメス－愛は風の如く（アフロディーテ役）」など。アニメ作品を中心に活躍中。

映画を読み解くキーワード集

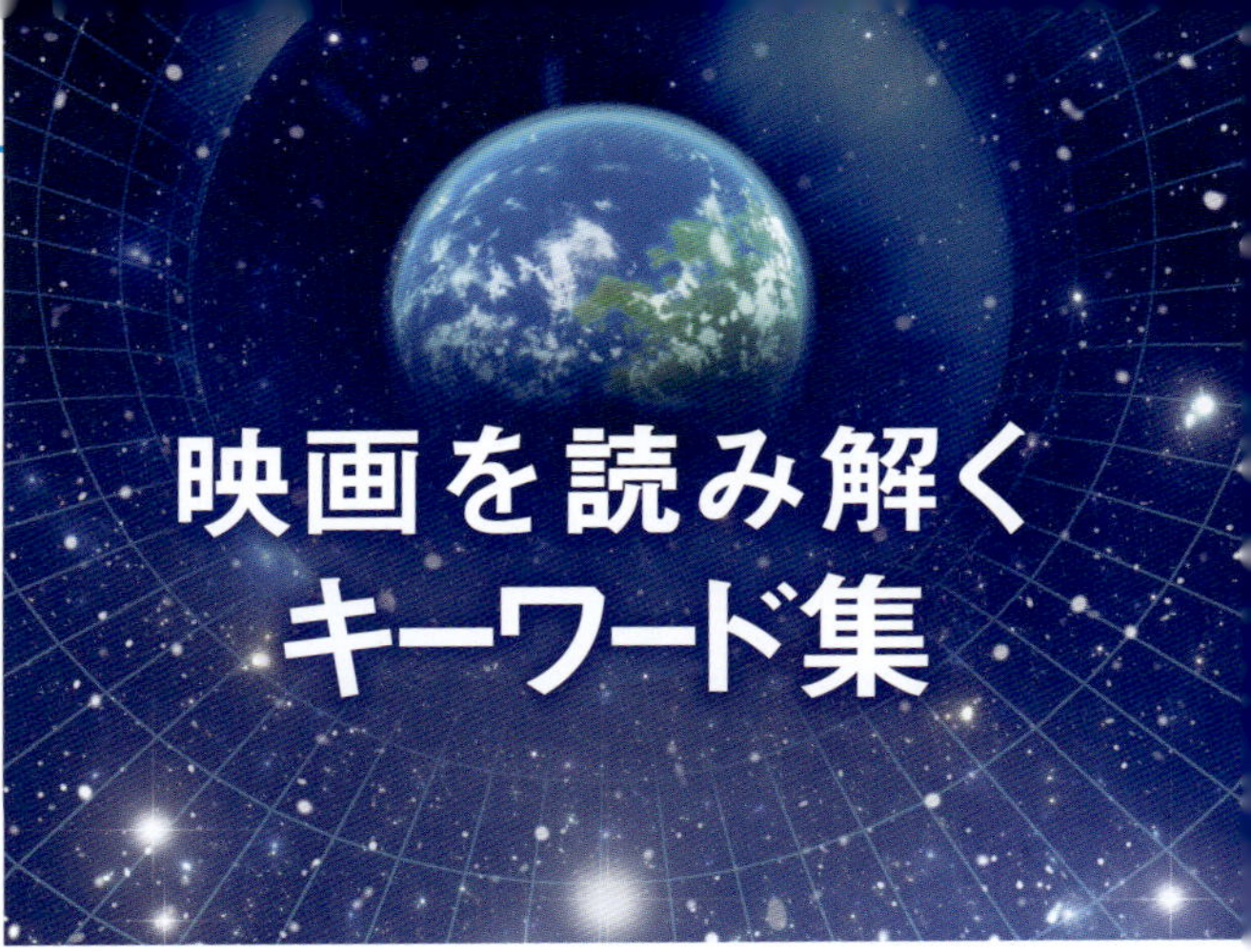

ナスカ学園

レイたち5人が通っていた、全国でも珍《めずら》しい男女共学の中高一貫の全寮制進学校。豊かな自然に囲まれており、独自の教育システムで優秀な生徒を輩出《はいしゅつ》している。

ナスカ・ユニバーシティ

レイ、アンナ、タイラ、ハル、エイスケの5人が進学した大学。夜明優《よあけすぐる》が理工学部の教授を務めている。

ウォークイン

地球に来た宇宙人が、睡眠状態において体外離脱し、生きている人間の体に入り込むこと（一種の憑依《ひょうい》）。ウォークインした相手の体験を自分の体験として学ぶことができる。調査目的や、地球人として生まれ変わるための練習として行われる。

アブダクション

何らかの方法で、宇宙人に誘拐されること。世界各地で、被害に遭《あ》ったという報告が相次いでいる。

牽引《けんいん》ビーム

壁やドアなどの物理的障害を超えて、照射した対象を引きずり出すことができる宇宙技術。4次元ワームホールをつくる力がある。

グレイ

アーモンド型の目をした、小型

の宇宙人。さまざまな星の人たちに使われており、アブダクションにも関わっていると思われる。

マゼラン星雲

南半球の空に見られる小さな銀河。大マゼラン星雲と小マゼラン星雲から成る。マゼラン星雲のゼータ星は、レプタリアンの本拠地の一つ。

レプタリアン

宇宙人のなかでも、爬虫類《はちゅうるい》に類似した獰猛《どうもう》な種族。翼竜型《よくりゅうがた》やワニ型など、種類はバラエティに富んでいる。地球の進化・発展に協力しているが、覇《は》を競っている者もいる。また、創造主に帰依《きえ》した「信仰レプタリアン」や、他の星を侵略しようとする「悪質レプタリアン」などもいる。

アニマ

人間や動物、植物に宿る魂、霊体、生命エネルギーのこと。「他の者のアニマを取り込むことによって、自分のエネルギーに変換する」という思想を持つ宇宙人もいる。

ギャラクシー・フォース

作中で、チーム・フューチャーの5人が体得した力。かつて宇宙人として生まれていた経験を持つ地球人が、母星で持っていた特別な力を目覚めさせたもの。レイたちは、3年前の「ナスカ学園宇宙人襲撃《しゅうげき》事件」以来、惑星連合と協力し、幾度《いくど》となく悪質宇宙人と戦っていく過程で、力を目覚めさせた。

プレアデス7番星殲滅《せんめつ》作戦

プレアデス7番星は、プレアデス星団のなかでも指導者たちが住む中心的な星だった。しかし、他の星に住むレプタリアンやオリオン座に関係する者たちから攻撃を受け、壊滅させられてしまった。

ダーク・カスケード

異空間から流れ込む暗黒のエネルギー。星を滅ぼすほどの破壊力を持つ。

スターゲート

空間を飛び越えることができるゲート。スターゲートを使って、輸送船などをワープさせることも可能。

宇宙ディスク

宇宙のすべての空間と時間が凝《ぎょう》縮《しゅく》されたレコード盤《ばん》のようなもの。これを使えば、時空間を自由に航行することができる。レイは、宇宙ディスクの欠片《かけら》を持って、3億3千万年前にタイムジャンプした。

アルファシティ

地球神アルファが、地球で文明を築くためにつくった都市。当時は、黄色、黒色、白色、赤色、青色、緑色の6色の肌の色を持つ人々が住んでいた。また、アルファによって招かれた宇宙人たちも共存していた。

アルファ神殿

アルファシティの中心にある、空中に浮かぶピラミッド型の神殿。外見は、大理石と合金が合わさったような素材でできており、外壁の色は、その日のアルファの意思によって変化する。

天使人類

地球神が物質化現象によって創った人類。金星人として最高度に発達した人霊《じんれい》に、再生のパワーを与えて数百人の人類を創造した。天使人類のなかでも長を務めるような人々が、アルファ神の側《そば》に仕えていた。

宇宙協定

宇宙人は、他の星に行き来することはできても、その星の文明・文化を破壊したり、変化させたりしてはならないという協定。ただし、その星が自ら滅びようとするときは、その限りではない。

宇宙連合（惑星連合）

悪質な宇宙人から、地球を護《まも》ろうとする星々が結んでいる同盟。愛と平和を大切にしており、ベガ星やプレアデス、ケンタウルスα星など、主に8つの星が主導的に地球を防衛している。

「宇宙の神秘」「地球の創世記」作品を彩る音楽を完全収録！

CD

3,000円（税込）

遥かなる、地球創世記へ――

映画「宇宙の法―黎明編―」オリジナル・サウンドトラック

アニメーション映画「宇宙の法―黎明編―」の壮大なスケールを彩るサウンドトラック集。挿入歌「The Beginning＜アルファのテーマ＞」「Mission＜ガイアのテーマ＞」「Depression＜ザムザのテーマ＞」「正義の守護神＜レイのテーマ＞」「謎めいて＜エロスのテーマ＞」も収録。

映画「UFO学園の秘密」

DVD&Blu-ray

チーム・フューチャーの活躍がよみがえる！
映画本編の他に、テレビCMなどの特典映像も収録。

DVD　4,980円（税込）
Blu-ray　5,980円（税込）

CD

映画で使用された全32曲を収録したサウンドトラック。

3,000円（税込）

BOOK

『宇宙時代がやってきた！』―UFO情報最新ファイル―

映画「UFO 学園の秘密」の公式ガイドブック。映画情報だけでなく、日本や世界をとりまく最新の宇宙情報を網羅《もうら》。

HSエディターズ・グループ編
1,000 円（税込）

すべて幸福の科学出版刊。お求めは公式サイトへ。 幸福の科学出版 検索

スタッフ＆キャスト
STAFF & CAST

製作総指揮・原案／大川隆法

キャスト／逢坂良太　瀬戸麻沙美　柿原徹也　金元寿子　羽多野渉 ／ 千眼美子
梅原裕一郎　大原さやか　村瀬歩　立花慎之介　安元洋貴　伊藤美紀　浪川大輔

監督／今掛勇
プロデューサー／松本弘司　佐藤直史(幸福の科学出版)　竹内久顕　三觜智大
脚本／「宇宙の法―黎明編―」シナリオプロジェクト
音楽／水澤有一(MIZ Music Inc.)
Visual Effects Creative Director／YUMIKO AWAYA(VISUAL MAGIC,LLC)
音響監督／宇井孝司　キーヴィジュアル／大坪恵子
美術／渋谷幸弘　中村嘉博　池田裕輔　色彩設定／野地弘納　撮影監督／佐藤光洋
CGI/3D 背景／川島浩二　CGI監督／檜垣賢一　CHRIS WU　DENNIS CAI
編集／大畑英亮　アニメーションプロデューサー／守屋昌治
演出／大野和寿　和田裕一　キャラクターデザイン・総作画監督／今掛勇
キャラクターデザイン／須田正己　サブキャラクターデザイン／佐藤陵　陽山あきこ
メカデザイン／森木靖泰　常木志伸
作画監督／佐藤陵　阿部恒　津幡佳明　しまだひであき　手嶋勇人　日下兼彰
鎌田均　後藤ぽてち　小橋陽介　棚澤隆
原画／上妻晋作　梶野靖弘　阿部美佐緒　手嶋勇人
ブレインズ・ベース　スタジオエル　戯画プロダクション　アニメアール　タケ・プランニング
動画検査／村山友良　石野まさ子　旭一郎　大坪みなみ　松本伊吹　海野愛恵　Wish
動画協力／GKセールス　スタジオグラム
仕上／野地弘納(Studio Toys)　平野孝治　村山一二三　StudioToys　Wish
仕上協力／寿門室　KOEI　エースカンパニー　TAP　イノイエシン
美術設定／西方保　真村躍
美術ボード／渋谷幸弘　石原信明　志賀友香　山口大悟郎　亀山颯太　邱文美
背景／Y.A.P.石垣プロダクション　BEAMS Studio　Studio Suuuu
VFX／VISUAL MAGIC,LLC
撮影／アニモキャラメル　T2 studio　トライパッド
撮影協力／TripleA　3D-CGI／CUTTING　EDGE　Studio Khronos
録音・ミックス／内田誠(Team U)　音響効果／森川永子(ちゅらサウンド)
キャスティング／川島直樹　ポストプロコーディネート／志田直之
音響制作／東映デジタルセンター
音楽プロデューサー／小原宣雄　音楽協力／田畑直之　平野真奈
DI／東映デジタルラボ　DIコーディネーター／泉有紀
協力／東映ラボ・テック　ちゅらサウンド　東映東京撮影所
タイトル／竹内秀樹(サバタイトル)
制作デスク／小山新一　制作進行／福盛博一　木村拓哉　佐々木拓也
制作協力／RED・ONE
協力／ニュースター・プロダクション　ARI Production
HAPPY SCIENCE UNIVERSITY　幸福の科学 スター養成部

制作スタジオ／HS PICTURES STUDIO　配給／日活　配給協力／東京テアトル
製作／幸福の科学出版株式会社　

書籍紹介
Books

2400冊を超える書籍を著している大川隆法総裁。
そのなかから、映画「宇宙の法─黎明編─」に関連する著作を紹介します。

地球神の教えに触れる

1万7千年前に実在した「造物主」の言葉

『公開霊言 超古代文明ムーの大王 ラ・ムーの本心』

エル・カンターレの魂の分身であるムー文明の王ラ・ムーが、ピラミッドパワーや宇宙との交流、惑星間戦争について明かす。

大川隆法著
定価 1,512 円（税込）

人類を導く地球神の考えを知る

『信仰の法』
─地球神エル・カンターレとは─

民族や文化、政治、宗教の違いを超えて人類を導く地球神の教え。アルファ、エローヒムとして地球に下生した様子も語られる。

大川隆法著
定価 2,160 円（税込）

地球に迫る宇宙からの危機

『公開霊言 古代インカの王 リエント・アール・クラウドの本心』

宇宙への神秘の鍵を持つクラウド王が、エル・カンターレの存在、宇宙の神秘、人類に迫る危機について、驚愕の事実を語る。

大川隆法著
定価 1,512 円（税込）

現代人が忘れている神秘の力

『公開霊言 ギリシャ・エジプトの古代神 オフェアリス神の教えとは何か』

ギリシャ・エジプト神話のルーツ・オフェアリス神（オシリス）によって、「魔法の力」と「奇跡の起こし方」が説かれた一冊。

大川隆法著
定価 1,512 円（税込）

宇宙の真実に迫る

宇宙人研究基地との噂は本当か？

『ネバダ州米軍基地「エリア51」の遠隔透視』
—アメリカ政府の最高機密に迫る—

ネバダ州の米空軍管理地域、「エリア51」の透視と、フロリダ沖UFO墜落事件の真相を暴く。

大川隆法著
定価 10,800 円（税込）

アポロ計画中止の理由とは

『ダークサイド・ムーンの遠隔透視』
—月の裏側に隠された秘密に迫る—

地球から見えない月の裏側には、人類を震撼させるような宇宙人情報が隠されていた。

大川隆法著
定価 10,800 円（税込）

宇宙人の目的や正体は？

『宇宙人体験リーディング』
—「富」「癒し」「幸せ」を運ぶ宇宙からの訪問者—

宇宙人による訪問や、異次元治療を受けたという3人の「宇宙人遭遇体験」をリーディング。

大川隆法著
定価 1,512 円（税込）

人類が初めて知る、宇宙人情報が満載

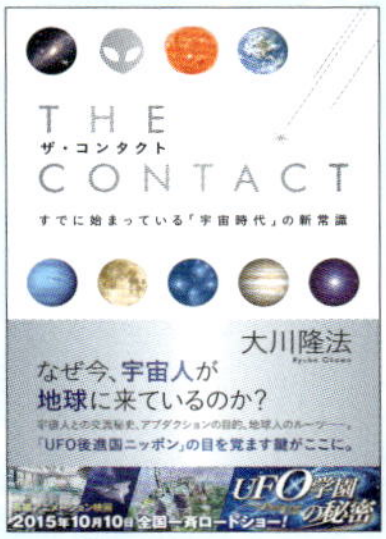

『ザ・コンタクト』
—すでに始まっている「宇宙時代」の新常識—

宇宙人との交流秘史から、アブダクションの目的など、宇宙人の基礎情報が整理された一書。

大川隆法著
定価 1,620 円（税込）

すべて幸福の科学出版刊。全国の書店やネット通販でお求めいただけます。 幸福の科学出版 検索

【富山県】J MAX THEATERとやま
【石川県】ユナイテッド・シネマ金沢／金沢コロナシネマワールド／シネマサンシャインかほく
【福井県】福井コロナシネマワールド／鯖江アレックスシネマ

北海道・東北

【北海道】ユナイテッド・シネマ札幌／ディノスシネマズ札幌劇場／シネプレックス旭川／ディノスシネマズ旭川／ディノスシネマズ室蘭／ディノスシネマズ苫小牧
【青森県】シネマディクト(10/13～)／青森コロナシネマワールド／フォーラム八戸／シネマヴィレッジ8・イオン柏
【岩手県】盛岡ルミエール
【宮城県】シネマ・リオーネ古川／109シネマズ富谷／MOVIX利府
【秋田県】ルミエール秋田
【山形県】MOVIE ON やまがた／鶴岡まちなかキネマ
【福島県】フォーラム福島／まちポレいわき

宇宙の法 黎明編
The LAWS of the UNIVERSE-PART I

上映館のご案内

映画「宇宙の法―黎明編―」は、全国170以上の映画館で上映されます。ぜひお近くの上映館でご覧ください。

関東・甲信越

【東京都】丸の内TOEI／T・ジョイPRINCE品川／ユナイテッド・シネマ アクアシティお台場／シネマート新宿／キネカ大森／ヒューマントラストシネマ渋谷／シネマサンシャイン池袋／ユナイテッド・シネマとしまえん／ユナイテッド・シネマ豊洲／109シネマズ木場／シネマサンシャイン平和島／立川シネマシティ／MOVIX昭島
【神奈川県】ムービル／109シネマズ港北／109シネマズ川崎／横須賀HUMAXシネマズ／MOVIX橋本／シネプレックス平塚／小田原コロナシネマワールド
【千葉県】シネプレックス幕張／シネマサンシャインユーカリが丘／MOVIX柏の葉／USシネマちはら台／USシネマ千葉ニュータウン／旭サンモールシネマ／USシネマ木更津
【埼玉県】ユナイテッド・シネマ浦和／MOVIX川口／新所沢レッツシネパーク／ユナイテッド・シネマ春日部／ユナイテッド・シネマ入間／ユナイテッド・シネマ新座／MOVIX三郷／シネプレックス幸手／ユナイテッド・シネマわかば／ユナイテッド・シネマ ウニクス南古谷／ユナイテッド・シネマ ウニクス上里／109シネマズ菖蒲
【茨城県】ユナイテッド・シネマ水戸／シネマサンシャイン土浦／シネプレックスつくば／USシネマつくば／USシネマパルナ稲敷
【栃木県】MOVIX宇都宮／ユナイテッド・シネマ アシコタウンあしかが／109シネマズ佐野／フォーラム那須塩原
【群馬県】ユナイテッド・シネマ前橋／109シネマズ高崎／MOVIX伊勢崎／プレビ劇場ISESAKI
【山梨県】シアターセントラルBe館
【新潟県】ユナイテッド・シネマ新潟／J MAX THEATER上越
【長野県】シネマポイント(11/10～)／長野千石劇場／松本シネマライツ／上田映劇／岡谷スカラ座／茅野新星劇場／センゲキシネマズ／伊那旭座／佐久アムシネマ

10.12(金) 日米同時公開

中国・四国

【岡山県】岡山メルパ／MOVIX倉敷
【広島県】109シネマズ広島／呉ポポロ／シネマ尾道／福山エーガル8シネマズ／福山コロナシネマワールド
【鳥取県】鳥取シネマ／シネマエポック
【山口県】シネマサンシャイン下関／シネマスクエア7／萩ツインシネマ（10/26～）
【徳島県】シネマサンシャイン北島／ufotable CINEMA
【香川県】ホール・ソレイユ
【愛媛県】シネマサンシャイン衣山／シネマサンシャイン大洲／シネマサンシャインエミフルMASAKI／シネマサンシャイン重信
【高知県】高知あたご劇場

東海・北陸

【静岡県】静岡東宝会館／シネシティザート（10/19～）／MOVIX清水／CINEMA e～ra.／シネマサンシャイン沼津／藤枝シネ・プレーゴ／シネプラザ サントムーン
【愛知県】中川コロナシネマワールド／109シネマズ名古屋／ユナイテッド・シネマ豊橋18／ユナイテッド・シネマ岡崎／半田コロナシネマワールド／豊川コロナシネマワールド／トヨタグランド／安城コロナシネマワールド／小牧コロナシネマワールド／ミッドランドシネマ 名古屋空港／ユナイテッド・シネマ稲沢／ユナイテッド・シネマ阿久比／MOVIX三好
【岐阜県】CINEX／大垣コロナシネマワールド／関シネックスマーゴ
【三重県】109シネマズ四日市／109シネマズ明和

関西

【大阪府】シネ・リーブル梅田／シネマート心斎橋／あべのアポロシネマ／MOVIX堺／ユナイテッド・シネマ岸和田／ユナイテッド・シネマ枚方／MOVIX八尾／109シネマズ大阪エキスポシティ／109シネマズ箕面／布施ラインシネマ
【京都府】MOVIX京都
【兵庫県】シネ・リーブル神戸／109シネマズHAT神戸／MOVIXあまがさき／プラット赤穂
【滋賀県】ユナイテッド・シネマ大津／彦根ビバシティシネマ
【和歌山県】ジストシネマ和歌山／ジストシネマ田辺
【奈良県】シネマサンシャイン大和郡山／ユナイテッド・シネマ橿原

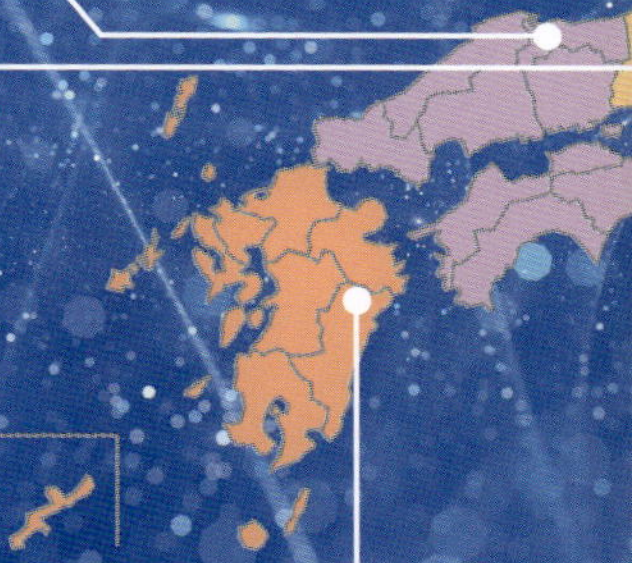

九州・沖縄

【福岡県】ユナイテッド・シネマ キャナルシティ13／大洋映画劇場／シネプレックス小倉／小倉コロナシネマワールド／ユナイテッド・シネマなかま16／ユナイテッド・シネマ トリアス久山
【佐賀県】109シネマズ佐賀
【長崎県】ユナイテッド・シネマ長崎／佐世保シネマボックス太陽
【熊本県】ユナイテッド・シネマ熊本
【大分県】シネマ5（10/13～）／別府ブルーバード劇場（10/13～）／日田シネマテーク・リベルテ（10/13～）
【宮崎県】宮崎キネマ館／シネポート／延岡シネマ
【鹿児島県】天文館シネマパラダイス／シネマサンシャイン姶良
【沖縄県】桜坂劇場

9月8日時点の情報です。最新情報は公式サイトをご覧ください。　宇宙の法 公式　検索

アニメーション映画
「宇宙の法―黎明編―」公式ガイドブック

2018年9月 5日 初版第1刷
2018年9月21日 第2刷

編 者 「宇宙の法―黎明編―」製作プロジェクト
発行所 幸福の科学出版株式会社
〒107-0052 東京都港区赤坂2丁目10番14号
TEL（03）5573-7700
https://www.irhpress.co.jp/

印刷・製本 株式会社 研文社

落丁・乱丁本はおとりかえいたします

ISBN978-4-8233-0020-2 C0074